LE CONFLIT

FRANCO-VÉNÉZUÉLIEN

PAR

Jules BASDEVANT

CHARGÉ DES COURS DE DROIT INTERNATIONAL PUBLIC A LA FACULTÉ DE DROIT
DE L'UNIVERSITÉ DE RENNES

———

EXTRAIT DE LA *REVUE GÉNÉRALE DE DROIT INTERNATIONAL PUBLIC*

———

PARIS

A. PEDONE, Éditeur

LIBRAIRE DE LA COUR D'APPEL ET DE L'ORDRE DES AVOCATS

13, Rue Soufflot, 13

1906

Le conflit
Franco-Vénézuélien

I

Les relations diplomatiques sont rompues entre la France et le Vénézuéla : le fait n'est pas sans précédents, puisque déjà il s'était produit entre les mêmes pays en 1881 pour prendre fin par la convention du 26 novembre 1885, puis à nouveau en 1895 (1), pour ne se terminer que vers la fin de 1902, après qu'un protocole du 19 février de la même année eût été signé pour décider la soumission à l'arbitrage de certaines réclamations françaises contre le gouvernement de Caracas.

Ces désaccords poussés à l'état aigu n'ont rien de particulier aux relations entre les deux Républiques. D'autres États, entrés en rapport avec le Vénézuéla, ont connu de ces vicissitudes : vers la fin de 1902, l'Angleterre, l'Allemagne et l'Italie avaient recours à des mesures violentes contre le gouvernement de Caracas ; ce n'est là qu'un exemple.

Ces conflits fréquents, dont l'acuité est, suivant les circonstances et le tempérament des acteurs, poussée plus ou moins loin, procèdent de certaines causes communes qu'il est facile de résumer. Le Vénézuéla, pays riche, que ses nationaux n'exploitent que d'une façon imparfaite, attire à lui la population, les entreprises, les capitaux étrangers. Ces intérêts étrangers ne sont pas suffisamment protégés par le pouvoir local. Ils font appel à leur État national qui, dans leur intérêt, présente des réclamations à Caracas : souvent, le gouvernement vénézuélien résiste, effrayé du poids réel ou exagéré de sa responsabilité, invoquant le respect de sa souveraineté. L'issue du débat est variable : accord direct, renvoi de l'affaire devant une Commission arbitrale, rupture diplomatique, mesures coercitives. Le plus souvent, les puissances européennes font preuve d'une méritoire patience : le Vénézuéla n'est que de troisième importance dans les préoccupations internationales ; et puis, aggraver le conflit, recourir à la violence, c'est lui faire prendre une tournure inquiétante même pour l'adversaire du Vénézuéla. Ce dernier ferait appel à la doctrine de Monroe et à son vigilant gardien : la Doctrine, dans sa dernière expression, ne contient sans doute aucune promesse d'impunité pour les États Sud-américains qui

---

(1) V. la *Revue gén. de droit international public*, t. II (1895), p. 344 et suiv.

se conduisent mal et manquent à leurs obligations : elle ne s'est point incorporée la doctrine Drago (1). Mais la doctrine de Monroe est assez souple — l'histoire nous l'apprend — pour que son interprétation puisse changer un jour.Même en son état actuel, elle est gênante pour ceux qui voudraient châtier un État Sud-américain : le châtiment est permis, mais il ne doit pas prendre la forme d'une occupation territoriale ; une saisie des douanes n'échapperait peut-être pas aux critiques Nord-américaines : en 1902, c'est au blocus qu'on eut recours. Aujourd'hui le blocus, compromettant les recettes douanières affectées en grande partie au payement des créances des États étrangers (2), se heurterait, du chef de ceux-ci, sinon à un obstacle juridique, du moins à des objections politiques. Exercer une action coercitive contre le faible Vénézuéla est donc une entreprise délicate, périlleuse : il profite, à l'excès, de cette impunité relative et, sentant moins immédiatement les effets d'une responsabilité mal sanctionnée, il ne se réforme pas lui-même mais laisse les intérêts étrangers dans une situation précaire.

Nul État ayant au Vénézuéla des intérêts un peu considérables ne peut espérer qu'ils y seront constamment et facilement sauvegardés (3). *Les* bonnes relations d'un moment ne sont pas une garantie suffisante pour l'avenir : au lendemain des événements de 1902-1903, on signalait les « sympathies connues » du Président Castro pour notre pays (4) ; moins de trois ans plus tard, il chasse notre représentant. Les États-Unis, qui en 1902-1903 lui ont rendu de signalés services, ne tardent pas à se trouver dans l'obligation de défendre leurs intérêts économiques contre ses agissements (5).

(1) Sur celle-ci et ses rapports avec la doctrine de Monroe, V. notre article : *L'action coercitive anglo-germano-italienne contre le Vénézuéla* (1903-1904), dans la *Revue gén. de droit innational public*, t. XI (1904), p. 449 et suiv.

(2) V. les protocoles signés par le Vénézuéla avec l'Angleterre, l'Allemagne et l'Italie le 13 février 1903, avec la France le 27 février, les États-Unis le 19 février, le Mexique, le 23 février, les Pays-Bas le 28 février, la Belgique le 7 mars, la Suède et Norvège le 10 mars, l'Espagne le 2 avril, et la sentence arbitrale de la Cour de la Haye du 22 février 1904.— En dehors des affectations résultant de ces protocoles il y a des affectations spéciales au profit de certaines créances étrangères. — V. Mallarmé, *L'arbitrage vénézuélien devant la Cour de la Haye*, dans la *Revue* précitée,t.XIII (1906),p.423 et suiv.

(3) Du recueil intitulé *Asuntos internacionales. Correspondencia del ministerio de relaciones exteriores de los Etados Unidos de Venezuela con algunas de las legaciones accreditades en la Republica*, publié à Caracas en 1903, il résulte que, de 1900 à 1903, l'Allemagne, l'Angleterre, l'Italie, la Hollande, la Belgique, les États-Unis ont eu à soutenir des réclamations non satisfaites contre le Vénézuéla : la France ne figure pas dans cette liste parce qu'alors ses relations diplomatiques avec le Vénézuéla étaient rompues.

(4) Charles Stephan, *Le Vénézuéla économique*, dans le *Monde économique* du 8 avril 1903, p. 167.

(5) Affaire de la *New york and Bermudez Asphalt Company.*

La France a, au Vénézuéla, d'importants intérêts économiques Sur une population totale d'environ 2.500.000 habitants, il y a environ 2.500 Français (1). Ceux-ci appartiennent pour la plupart à deux groupes, étant originaires les uns de la Corse, les autres de la vallée d'Ossun dans les Hautes-Pyrénées : les premiers se fixent volontiers sans esprit de retour et s'adaptent souvent au milieu et à la mentalité vénézuélienne Le contingent français comprend aussi des créoles, mulâtres et noirs des Antilles et des évadés des pénitenciers de la Guyane (2). Beaucoup de nos compatriotes y exercent de petits métiers.

Les capitaux français tiennent une place importante au Vénézuéla. Sur la base d'une étude faite par M. Quiévreux, ancien vice-consul de France à Caracas, on les estime approximativement à 130 millions de francs en n'y comprenant pas la Compagnie française des câbles télégraphiques (3). Les Français sont propriétaires de plantations de caféiers ; ils ont fondé une Compagnie de chemins de fer qui, d'ailleurs, après avoir perdu près de 18 millions, est en liquidation. Un Français est propriétaire d'une ligne de 50 kilomètres entre Puerto-Carenero et Rio-Chico. Les capitaux français entrent pour une part plus importante que les capitaux vénézuéliens dans la Banque du Vénézuéla et dans la Banque de Caracas (4). Les créances françaises sur l'État vénézuélien s'élèvent à 13 millions environ pour dommages reconnus par des tribunaux arbitraux et à 30 millions environ pour titres de dette publique et intérêts arriérés de celle-ci (5). Ajoutons que nos nationaux ont créé au Vénézuéla des établissements religieux d'enseignement et un Comité de l'Alliance française (6).

Le mouvement commercial général entre la France et le Vénézuéla s'est élevé en 1904 à 38 millions de francs. En déduisant les marchan-

(1) Le *Statesman's year-book*, 1906, donne les chiffres suivants empruntés à l'année 1894 en ajoutant que, depuis cette époque, l'immigration a été faible ou nulle : population totale : 2.444.816 habitants, parmi lesquels 44.199 étrangers (13.558 Espagnols, 11.081 Colombiens, 6.154 Anglais, 3.729 Hollandais, 3.179 Italiens, 2.545 Français, 962 Allemands). Comme le dernier dénombrement fait sous l'une des présidences de Guzman Blanco n'a jamais été publié on ne 'saurait admettre les chiffres ci-dessus que sous toutes réserves. Toutefois, pour la colonie française, le chiffre de 2.545 est aussi donné par le Résumé des rapports des agents diplomatiques et consulaires de la République sur la fortune française à l'étranger, dans le *Journal officiel français* du 25 septembre 1902.

(2) René Pinon, *Le conflit franco-vénézuélien*, dans la *Revue des Deux-Mondes* du 15 mars 1906, p. 425.

(3) V. le Résumé des rapports des agents diplomatiques et consulaires de la République sur la fortune française à l'étranger, dans le *Journal officiel* du 25 septembre 1902.

(4) René Pinon, *loc. cit.*, p. 426. V. Rapport de M. le député Gervais sur le budget du ministère des affaires étrangères pour 1906. *Journ. off.*, Chambre, Annexes, n° 2661.

(5) Rapport Gervais, précité.

(6) René Pinon, *loc. cit.*, p. 427.

dises qui n'ont fait que transiter en France, on constate que la France a consommé pour 15 millions de marchandises vénézuéliennes et que le Vénézuéla a reçu pour 1.800.000 francs de marchandises françaises (1). Pour mesurer exactement l'importance de ce commerce au point de vue français il faudrait évidemment tenir compte du fret des marchandises transportées d'un pays à l'autre par navires français et du profit tiré par le commerce français de la réexportation de 19 millions de marchandises vénézuéliennes et du transit en France de 1.600.000 francs de marchandises étrangères destinées au Vénézuéla. Cet élément laisserait d'ailleurs subsister cette constatation que notre pays importe du Vénézuéla plus qu'il n'y exporte. Il faut ajouter que cet excédent d'importations est fourni par des denrées de demi-luxe qu'on peut facilement se procurer ailleurs, à savoir le café et le cacao (2). La France peut sans grands inconvénients écarter de son marché les cafés et cacaos vénézuéliens : le Vénézuéla, au contraire, souffrirait grandement d'une telle mesure qui lui rendrait plus lourd encore le poids de la crise des cafés qu'il supporte (3). De fait, pendant la rupture de 1895-1902, c'est de ce côté que la France exerça une pression sur le gouvernement de Caracas. Le tarif général de 300 francs prévu par la loi du 24 février 1900 fut appliqué aux cafés vénézuéliens au lieu du tarif minimum de 136 francs. Par là le marché de Bordeaux se fermait aux cafés vénézuéliens : les négociants de Hambourg en profitèrent pour ne leur offrir que des prix très inférieurs et la baisse s'accentua.

La France n'a aucunement le monopole de la pénétration économique du Vénézuéla : à des degrés divers on y trouve l'immigration, le commerce, les entreprises, les capitaux anglais, allemands, Nord-américains, italiens, espagnols, hollandais. Un sort commun paraît d'ailleurs réunir ces entrepreneurs, agriculteurs, commerçants appartenant à dix nationalités ; ils ne semblent pas avoir réussi : les uns ont été ruinés, les

<hr>

(1) Rouvray, *La France et le Vénézuéla*, 1 broch., Paris, 1906, p. 2. — Le *Bulletin de statistique et de législation comparée*, 1905, t. II, p. 412, donne le chiffre ci-dessus reproduit des importations en France, mais non celui des exportations.

(2) En 1904, nous avons reçu pour 13.921.000 francs de café vénézuélien et nous en avons consommé pour 5.437.000 francs ; nous avons reçu pour 14.308.000 fr. de cacao et nous en avons consommé pour 7.312.000 francs. Viennent en troisième ligne le caoutchouc et la gutta : nous en recevons pour 4.063.000 francs et en consommons pour 698.000 francs : ce sont là des matières premières dont nous ne pouvons nous passer, mais qui ne nous viennent du Vénézuéla qu'en faible quantité.

(3) D'après des documents publiés par le *Bulletin de statistique vénézuélien*, pour 1902-1903 et qui laissent de côté, d'ailleurs, le bassin de l'Orénoque, le café fournirait environ la moitié de l'exportation vénézuélienne : nous viendrions en deuxième ligne, après les États-Unis, dans la liste des acheteurs du Vénézuéla, avec une quotité de 34 0/0 des exportations. *Economiste français*, du 31 décembre 1904, p. 946.

autres ne font que des profits minimes (1). De ces échecs on ne peut accuser le défaut de ressources du pays. Les géographes et les économistes nous montrent le Vénézuéla comme un pays riche, la terre promise des entreprises prospères.

Le danger constant qui menace les entreprises étrangères au Vénézuéla tient à la situation politique. Le Vénézuéla est le pays des révolutions fréquentes. Cet État, formé en 1830, a eu, dit-on, en 1904, sa quinzième Constitution. Quand les institutions demeurent, les hommes changent : ils sont appelés au pouvoir non par le jeu normal des dispositions constitutionnelles, mais par l'effet des prises d'armes et de la violence. Les organes légaux n'interviennent que pour consacrer le résultat des coups de force. Quand le pays n'est pas plié sous la main puissante d'un Guzman Blanco, il est ballotté de l'un à l'autre suivant les hasards des guerres civiles. Le Président Andrade qui a résisté victorieusement à plusieurs tentatives de révolution est renversé par Cipriano Castro : celui-ci doit presque aussitôt défendre son autorité contre Hernandez, un peu plus tard contre Matos (2).

Cette situation prolongée de guerre civile et d'anarchie compromet les intérêts étrangers établis au Vénézuéla. Quand une mesure gouvernementale suspend les garanties constitutionnelles relatives à l'inviolabilité de la propriété, de la correspondance, du domicile, à la liberté de la presse et de réunion, au droit de voyager sans passeport, de changer de domicile, de s'absenter du territoire de la République ou d'y revenir avec des biens personnels comme fit le décret du Président Castro du 10 mai 1902, il semble que la sécurité des étrangers soit bien compromise. De fait, ces guerres civiles sont accompagnées de réquisitions, de dommages causés aux personnes ou aux biens. Les révolutionnaires lèvent les droits de douane dans les territoires qu'ils occupent : le gouvernement légal les exige une seconde fois quand il a réussi à repousser ses adversaires (3). Ces dommages subis par les étrangers font le thème de réclamations diplomatiques : ce fut le cas en 1902-1903 (4) : le litige actuel n'a cependant pas cette cause, bien qu'il en subisse en quelque sorte le contrecoup.

Ces réclamations, suites ordinaires des guerres civiles, produisent,

(1) Rapport Gervais, précité.

(2) V. René Pinon, *loc. cit.*, p. 420 et suiv. ; Rougier, *Les récentes guerres civiles de la Colombie et du Vénézuéla,* dans la *Revue gén. de droit intern. public,* t. XI (1904), p. 227 et suiv.

(3) Dans la Commission mixte italo-vénézuélienne, le surarbitre a condamné cette pratique. — V. le *Temps* du 31 octobre 1903.

(4) V. notre article, *L'action coercitive anglo-germano-italienne contre le Venezuéla (1902-1903),* dans la *Revue gén. de droit intern. public,* t. XI (1904, p. 362 et suiv.

au Vénézuéla, un double effet. En premier lieu, loin de pousser les politiciens à de sages résolutions et de leur faire mieux comprendre ce que sont pour un État les devoirs de souveraineté,elles les incitent à la suspicion et au désir de vengeance vis-à-vis des étrangers. La presse a souvent relaté la mauvaise humeur du Président Castro contre les États européens et contre les surarbitres qui donnaient satisfaction aux réclamations étrangères (1). En second lieu, le Trésor vénézuélien est chargé du poids très lourd des indemnités dues aux étrangers : comme ces périodes d'agitation ont diminué les ressources, comme les intérêts arriérés des anciens emprunts s'accumulent, le budget vénézuélien voit le plus clair de ses ressources affecté au payement de ses dettes (2) pendant que restent en souffrance les travaux nécessaires au développement économique de ce pays neuf.

Cet état de révolutions et de guerres civiles fréquentes, en même temps qu'il compromet les intérêts des étrangers, est, à certains égards, démoralisant pour eux.Il les incite — c'est un fait bien connu — à exagé_ rer le montant des pertes dont ils demandent à être indemnisés.De plus il diminue en eux le respect des institutions établies, nécessaire au bon ordre. Comment ce respect subsisterait-il dans un pays où la légalité d'aujourd'hui est sortie de la révolte d'hier et disparaitra peut-être devant celle de demain ? Les étrangers, ou certains d'entre eux, en arrivent à mettre sur le même pied le gouvernement légal et l'organisation révolutionnaire (3); s'il leur apparait que celle-ci leur offre plus de garanties, leur fait espérer un régime meilleur, ils seront bien tentés de se prononcer en sa faveur, de contribuer à son succès, oubliant ainsi la

(1) Citons quelques faits. Le *Temps* du 31 octobre 1903 dit que la presse officieuse de Caracas continue à traiter les arbitres étrangers « d'escrocs, de voleurs et d'imbéciles ». — L'attitude injurieuse des Vénézuéliens envers M. de Ayala, ministre d'Espagne, surarbitre de la Commission pour le Mexique et le Vénézuéla, le força à quitter Caracas. *Petit Temps*, du 31 octobre 1903 ; *Temps*, du 15 novembre 1903. — Le *Petit Temps*, du 27 octobre 1903, rapporte, à propos des réclamations belges admises par la Commission mixte que le Président Castro, ayant vu sur une carte la Belgique, s'est écrié : « C'est ce petit pays-là... Je ne paye pas ! »

(2) En vertu des protocoles de Washington du 13 février 1903, on prélève 30 0/0 sur le produit des douanes de la Guayra et de Puerto-Cabello pour le payement des indemnités dues aux puissances. Outre cela il faut pourvoir au service des emprunts.

(3) Un exemple frappant de cet état d'esprit se trouve dans des explications fournies par M. Haggard, ministre anglais à Caracas. au général Ferrer, ministre des affaires étrangères vénézuélien. Comme le Vénézuela se plaignait du refuge que Matos avait trouvé à la Trinité et du fait qu'il y avait organisé ses expéditions, M. Haggard répondait : « Depuis plus d'un demi-siècle la Trinité a été le refuge des Vénézuéliens de tous les partis, les uns après les autres. A-t-on jamais appris qu'on en ait expulsé un ? Aujourd'hui c'est le général Matos ; demain ce peuvent en être de l'autre parti ». Livre bleu, *Venezuela*, n° 1 (1903), n° 86, p. 103.

réserve que leur soumission aux lois locales, jointe à leur qualité d'é-
trangers, devrait leur imposer. On a dit que Matos avait eu, contre Castro,
la faveur des étrangers : le gouvernement vénézuélien a accusé la Société américaine *New-York and Bermudez Asphalt Company* et, nous le
verrons, la Compagnie française des câbles télégraphiques de complicité
avec ce révolutionnaire.

L'ordre rétabli, la révolution écrasée, les intérêts étrangers ne sont
point à l'abri des périls. Les difficultés financières accrues par la nécessité de payer des indemnités, le ressentiment éprouvé vis-à-vis des étrangers se mêlant dans l'esprit des politiciens aux suggestions d'une avi-
dité sans borne vont faire apparaître de nouveaux dangers.

Ceux qui font ou tentent des révolutions au Vénézuéla, quel que soit
le nom qu'on leur donne, libéraux, conservateurs, *oligarcas*, *azules*,
amarillos, etc., ont des vues très positives. Celles-ci ne portent d'ailleurs
qu'à un très faible degré sur les programmes politiques : Castro, en mars
1901, réalise une réforme constitutionnelle divisant le Vénézuéla en vingt
États et un district fédéral, réforme projetée déjà par Andrade et qui a
servi de prétexte à la révolution dirigée contre celui-ci par Castro. Les
vues positives des révolutionnaires vénézuéliens touchent à leurs intérêts personnels. Une fois au pouvoir, ils entendent appliquer à leur profit un « *spoils system* » exagéré. D'après les renseignements qui nous
sont donnés, Castro était, au moment où il prit le pouvoir, entouré de
faméliques et de bailleurs de fonds : il a remboursé les seconds et en-
richi les uns et les autres. Gomez, ancien boucher et actuellement Premier Vice-Président de la République, Mendoza, ancien charretier, de-
venu ministre des finances puis gouverneur de district, Cecilio Castro,
le Dr Jules Torrès Cardenas, le Dr Feo qui, autrefois, n'avaient rien, sont
devenus multimillionnaires (1)

Pour satisfaire à ces appétits, il faut des ressources : les protocoles de
Washington du 13 février 1903 sont venus les restreindre en affectant à
la garantie des États créanciers du Vénézuéla 30 0/0 du produit des
douanes de la Guayra et de Puerto-Cabello. Pour compenser et au delà
cette insuffisance, le Président a, par un décret du 16 février (2), établi

---

(1) Un système fructueux de monopoles a permis ce résultat. Gomez a le monopole de
la viande. La viande apportée aux abattoirs et non marquée de son nom est refusée,
quoique bonne ; elle est alors vendue à bas prix à des agents de Gomez qui la font mar-
quer et revendre au prix normal. Pour l'exportation du bétail, il est de règle que ne
peuvent être exportées que les bêtes bien portantes ; or le vétérinaire ne reconnaît
comme telles que les bêtes du Dr Feo, homme de paille de Castro ; ce système très
productif pour son bénéficiaire a fait tomber l'exportation de 300.000 têtes de bétail à
70.000 en 1905. — Comp. de Barral-Montferrat, *Le Président Castro et le conflit franco-
vénézuélien*, dans le *Correspondant*, du 10 juillet 1906, p. 81.

(2) G.-F. de Martens, *Nouveau recueil général de traités*, 2e série, t. XXXI, p. 512.

une contribution extraordinaire de guerre consistant : 1° en une sur-
taxe de 30 0/0 sur les droits d'importation ; 2° en des droits à l'exportation du café, du cacao et des peaux.Cette contribution est levée dans tous
les ports (1). D'autre part, il a calculé les 30 0/0 suivant une méthode
préjudiciable aux puissances et peu conforme aux textes. Les protocoles
de février 1903 disent, en effet, « 30 0/0 des revenus des douanes de la
Guayra et de Puerto-Cabello » (2) ; l'expression est générale, elle englobe
tous les revenus de ces douanes. Et cependant le gouvernement n'a, en
réalité, pris les 30 0/0 que sur le tarif d'importation : or à celui-ci sont
en réalité adjoints et perçus dans ces ports : 1° 30 0/0 à titre de contribution de guerre ; 2° 25 0/0 de droit de transit ; 3° les droits d'exportation (3). Il en résulte qu'au lieu de verser aux puissances 5 millions par
an, le Vénézuéla en devrait verser le double. Cette pratique critiquable
est peut-être indifférente aux puissances ci-devant bloquantes auxquelles un droit de préférence a été reconnu par sentence arbitrale du 22 février 1904 ; elle ne saurait l'être aux puissances pacifiques comme la
France. Elle retarde, en effet, le payement qui, avec une interprétation
plus exacte, serait effectué dans un délai diminué de moitié. Si la pratique ainsi suivie subsiste, la France sera payée dans 5 ou 6 ans (4) :
comme pendant ce temps sa créance ne lui rapporte pas d'intérêts, le
Vénézuéla lui aura ainsi en réalité retenu définitivement une somme
égale à la moitié du capital, l'argent rapportant là-bas environ 12 0 0.

Ces habiletés ne font, par un côté, que traduire l'hostilité que l'on
nourrit contre les étrangers : on ne leur donne pas tout ce qu'on leur a
promis et, par les surtaxes établies, on cherche à récupérer sur eux ce
qu'on doit leur verser. Si le peuple vénézuélien est surchargé, les politiciens en profitent. Mais leurs appétits sont insatiables. Ils se tournent
vers les entreprises étrangères ; celles-ci participent au discrédit général
contre les étrangers. Ceux qui ont mis le Trésor au pillage, qui font em-
prisonner sans scrupule les particuliers pour les rançonner (5), recule-

(1) D'après le *Statesman's year book*, 1906, les droits de douane sont évalués pour
1905-1906 à 24.870.000 bolivars et la taxe extraordinaire de guerre à 12.500.000 bolivars.

(2) V. par exemple le protocole allemand dans la *Revue gén. de droit intern. public*,
t. XI (1904), p. 435, note.

(3) Ajoutons que le Vénézuéla a porté atteinte au gage des puissances en ouvrant au
commerce de nouveaux ports qui font concurrence à la Guayra et à Puerto-Cabello.

(4) Rapport Gervais, précité.

(5) A la fin de 1899, le Président Castro fait arrêter les négociants ou les propriétaires
urbains pour leur arracher quelques milliers de piastres ; les directeurs de banques sont
jetés en prison pour avoir résisté aux demandes d'emprunt du gouvernement. Matos
est emprisonné, rançonné, remis en liberté et toujours exposé aux exigences du gouvernement.

ront-ils devant une confiscation plus ou moins déguisée d'une entreprise étrangère ? Rencontreront-ils des obstacles dans l'organisation vénézué-lienne ? On ne peut guère l'espérer. Contre l'arbitraire des gouvernants, les entreprises étrangères au Vénézuéla ne sont pas protégées : les garanties judiciaires sont pour elles illusoires dans ce pays où l'indépendance des juges est un vain mot (1).

Ainsi, les étrangers, au Vénézuéla, molestés pendant les guerres civiles, poussés par les circonstances à se départir de la réserve que, dans un autre pays, ils s'imposeraient au milieu des divisions politiques, devenus suspects, mal protégés par un Exécutif despotique et un Judiciaire asservi, sont exposés aux spoliations en forme régulière comme ils l'ont été aux violences des hostilités. Ce sont là des particularités qu'il ne faut pas oublier pour étudier le différend relatif à la Compagnie française des câbles. L'affaire avait besoin d'être située.

II

La Compagnie française des câbles a des rapports étroits avec l'État français. Celui-ci la subventionne en vertu d'une convention du 2 juillet 1895 modifiée par un avenant du 19 décembre de la même année, le tout approuvé par une loi du 28 mars 1896 (2). D'après l'article 6 de la convention, le gouvernement français doit verser à la Compagnie une subvention annuelle de 800.000 francs pour la pose, l'entretien et l'exploitation du câble de Brest à Cap Cod : toutefois si le total des recettes brutes de la Compagnie pour l'ensemble de ses lignes dépasse 1.650.000 francs, les deux tiers de l'excédent viendront en déduction de la subvention promise, en sorte que, dans les années où les recettes des câbles atteindront 2.850.000 francs, la subvention ne sera pas payée. Cette subvention se combine avec une garantie d'intérêts, organisée par une convention du 28 mars 1901. La subvention et la garantie d'intérêts sont remboursables à l'État et la Compagnie a été obligée par nos deux conventions de constituer à cet effet, suivant des méthodes différentes, un fonds de réserve ou fonds de prévision. Le calcul, tant pour le payement que pour le remboursement de la subvention, est fait sur l'ensemble des recettes de la Compagnie (3). Il en résulte que l'État français est directement et

(1) V. de Barral-Montferrat, *Le Président Castro et le conflit franco-vénézuélien*, dans le *Correspondant* du 10 juillet 1906, p. 80.

(2) De Clercq, *Recueil des traités de la France*, t. XX, p. 381.

(3) Plus exactement, sur l'ensemble de ses recettes dans l'Atlantique d'après la convention de 1895, sur l'ensemble de ses recettes sans restriction d'après celle de 1901. Celle-ci superpose une nouvelle garantie d'intérêts à celle de 1895 et à une autre de 1893 qui ne nous intéresse pas, mais sans les supprimer.

pécuniairement intéressé à la prospérité de toutes les lignes de celle-ci et notamment à la prospérité des lignes posées par elle pour assurer le service du Vénézuéla bien que celles-ci ne soient pas nommées dans la convention de 1895. C'est là un point qu'il convient de retenir (1).

D'autre part, l'article 5 de la convention de 1895 dispose que la Compagnie « ne pourra céder aucun des droits résultant de la présente convention, ni affermer ses lignes qui y sont visées, ni celles qui leur servent d'affluents..., sans le consentement exprès et écrit du gouvernement français ». Ce texte doit être considéré comme applicable aux lignes vénézuéliennes de la Compagnie pour deux raisons. En premier lieu, la Compagnie s'est engagée par l'article 1er à poser un câble nouveau pour rattacher son réseau de la mer des Antilles à ses lignes transatlantiques : le réseau des Antilles dont font partie les lignes vénézuéliennes constitue donc un de ces « affluents » aux lignes visées par la convention. En second lieu, la nécessité d'obtenir le consentement du gouvernement français pour céder ou affermer les lignes de la Compagnie s'explique par ce fait que c'est le produit de ces lignes qui vient éventuellement en compensation de la subvention promise. Comme à cet égard entre en ligne de compte le produit de toutes les lignes, il est tout naturel de décider que c'est pour toutes les lignes qu'est exigé le consentement du gouvernement français à un acte de cession ou d'affermage. La Compagnie ne peut sans ce consentement céder directement ou indirectement ses lignes vénézuéliennes. Ce point a d'ailleurs été précisé d'une façon parfaite par la convention du 28 mars 1901 qui, dans son article 18, dispose : « La Compagnie française des câbles télégraphiques ne pourra..... affermer ses lignes ni fusionner ses intérêts avec ceux d'aucune autre Compagnie soit française, soit étrangère, ni passer ou renouveler aucun traité ou contrat d'exploitation sans l'autorisation écrite du ministre du commerce, et de l'industrie, des postes et des télégraphes. Elle ne pourra aliéner aucune de ses lignes ni prendre aucune mesure qui rendrait possible l'aliénation des lignes visées à la convention du 2 juillet 1895 ou de l'une quelconque des lignes qu'elle possède actuellement...... que sous réserve de la même autorisation ».

Par deux côtés il apparaît ainsi que ce qui touche au trafic et à la prospérité des lignes vénézuéliennes ne peut être considéré comme une

---

(1) C'est en fin de compte tout à fait à tort que M. Sauvage. un des champions de la cause vénézuélienne, écrit que la Compagnie est subventionnée « pour les câbles Brest-New-York et Australie-Nouvelle-Calédonie, mais nullement pour son réseau des Antilles et de l'Amérique du Sud ». *Le Vénézuéla et la Compagnie française des câbles télégraphiques*. Caracas, imp. nationale, 1903, p. xcix.

affaire purement privée de la Compagnie. L'État français y est directement intéressé, non pas seulement comme protecteur de ses nationaux
à l'étranger, mais à un titre propre, comme associé dans une certaine
mesure à la Compagnie. Ce point ne devra pas être perdu de vue.

Le droit de faire toucher des câbles sous-marins au littoral vénézuélien
a été concédé à la Compagnie française par plusieurs contrats dont le
premier date de 1887. Celui-ci attribuait à M. Cuenca Creus le privilège
d'établir une communication télégraphique entre le Vénézuéla et les
États-Unis de l'Amérique du Nord. M. Cuenca Creus céda cette concession à la Société française des télégraphes sous-marins qui devint en
1895, à la suite de sa réunion avec la Compagnie française du télégra-
phe de Paris à New-York, la Compagnie française des câbles télégraphiques. La communication prévue par le contrat de 1887 fut constituée en
1888 par la Société française des télégraphes sous-marins au moyen de
plusieurs câbles et lignes terrestres allant par Curaçao, Saint-Domingue,
Puerto Plata, Cap Haïtien (1) jusqu'à Santiago de Cuba où, par les lignes
cubaines et par les câbles de la *Cuba Submarine* et de la *Western Union
Telegraph*, elle atteignait les États-Unis à Key West. Il est à noter que
la communication se faisait par fil aérien de Saint-Domingue à Puerto
Plata, soit sur une longueur d'environ 260 kilomètres.

En 1895, la Société obtient du Vénézuéla un nouveau contrat qui
porte de 20 à 50 ans la durée de son privilège et l'étend à toutes les communications du Vénézuéla avec l'extérieur. Elle s'engage à établir un
nouveau réseau de câbles pour relier divers ports du Vénézuéla à la ligne
internationale.

L'exécution de ce traité suscite des difficultés : en particulier, l'exécution du câble qui devait relier Ciudad Bolivar par l'Orénoque au réseau
international se heurte à des obstacles insurmontables. Une transaction
intervient alors le 3 juillet 1900 entre la Compagnie et le Vénézuéla :
aux termes de cet acte, la durée de la concession est réduite à 35 ans,
les tarifs sont abaissés, la Compagnie fait remise au gouvernement d'une
créance importante correspondant à la taxe due et non payée de transmission de télégrammes officiels ; la Compagnie est exonérée de l'obligation de relier Ciudad Bolivar par un câble au réseau international,
mais elle doit poser un câble subfluvial de cette dernière ville à Sole-
dad (2).

De ces actes il résulte que la Compagnie est concessionnaire de deux

(1) Postérieurement la Compagnie a établi la communication directe du Cap Haïtien à
New-York.

(2) René Pinon, *loc. cit.*, p. 428 et suiv. — Nous avons également mis à profit le
résumé qui nous a été communiqué d'un article paru en 1906 dans *The Electrician*.

réseaux : un réseau international unissant le Vénézuéla aux États-Unis et un réseau côtier entre les divers ports du Vénézuéla.

Le réseau international, avons-nous dit, emprunte sur un assez long parcours les lignes aériennes dans l'île de Saint-Domingue. Au dire de certains, cela fut sans inconvénients jusqu'en 1899, époque à laquelle s'ouvre une ère de révolutions après l'assassinat du Président de la République dominicaine Heureaux : les émeutiers coupent à plusieurs reprises le fil télégraphique, en emportant des kilomètres, de sorte que le Vénézuéla se trouve isolé du reste du monde. Au dire de M. Sauvage, le mal était plus ancien, il s'était manifesté depuis 1889 et tenait au fait que la ligne, qui court à travers des forêts vierges et des marécages ou longe parfois des sentiers muletiers à peine tracés, était difficile à surveiller et à entretenir ; suivant lui, la ligne n'aurait fonctionné en moyenne que 10 à 12 jours par mois (1). Quoi qu'il en soit, ces interruptions furent une cause de très grandes pertes pour le commerce des cafés qui exige des communications télégraphiques fréquentes avec New-York, Paris, Hambourg ; les négociants poussèrent le Président à agir pour la défense de leurs intérêts (2).

Le Président devait d'autant mieux écouter ces plaintes qu'il avait des griefs propres contre la Compagnie. Il lui en voulait de subordonner la transmission des télégrammes officiels au payement de la taxe qui leur était applicable, conformément aux contrats, d'ailleurs : cette précaution, bien légitime dans un pays qui trop souvent a négligé de payer aux chemins de fer les subventions promises (3), avait pour but d'éviter la formation d'un arriéré analogue à celui qui existait en 1900. Enfin certains incidents avaient aigri les relations entre le Président et la Compagnie. Le Président Castro, croyant avoir à se plaindre d'un des agents de la Compagnie, en avait demandé le déplacement à M. Wiener, ministre de France à Caracas : il usait en cela d'une faculté qui lui avait été donnée par le directeur de la Compagnie, M. Jalabert. M. Wiener, s'étant mis d'accord avec M. Mirabel, directeur de la Compagnie à Caracas, téléphone au Président, qui l'en remercie par la même voie, que le changement demandé est décidé. Mais vingt-quatre heures plus tard M. Mirabel était rappelé et l'agent replacé. Le Président en est vivement irrité contre la Compagnie.

(1) *Le Vénézuéla et la Compagnie française*, p. 69-70. — Il critique la Compagnie d'avoir ainsi laissé se perpétuer cette situation.

(2) Dans des protestations au ministre du Fomento du 30 décembre 1903 et du 30 mars 1904 la Chambre de commerce de Caracas et celle de Maracaïbo expriment leurs plaintes à ce sujet et félicitent l'Exécutif de s'adresser aux tribunaux pour demander la résiliation du contrat de la Compagnie. *Le Vénézuéla et la Compagnie française*, p. XL et suiv.

(3) V. par exemple, pour la Compagnie allemande du grand chemin de fer du Vénézuéla, la *Revue gén. de droit intern. public*, t. XI (1904), p. 365, note.

Sur ces entrefaites se produit un nouvel incident. Dans la seconde moitié de juillet 1904, le Président Castro fait appeler M. Wiener et lui montre certains papiers tendant à établir la complicité de la Compagnie des câbles avec Matos. M. Wiener, auquel il demande s'il connaît ces documents, lui répond qu'on lui a offert de les lui vendre et qu'il n'a pas accepté, que, de deux choses l'une : ou bien ces documents sont faux, et il n'est pas possible de s'en servir ; ou bien on croit à leur authenticité, mais celle-ci ne peut être prouvée qu'en s'adressant à leur signataire qui en supportera la responsabilité, or celui-ci est mort. Néanmoins, le 17 juillet 1905 était entamé, de ce chef, un procès contre la Compagnie (1) sur lequel il n'a pas été statué.

Ces circonstances contribuent à décider le Président à donner plus d'activité au procès dirigé contre la Compagnie. Ce procès, déjà ébauché en 1903 (2), avait été ajourné sur les instances de la légation de France. On lui redonne vigueur.

Le grief imputé à la Compagnie consiste à dire que celle-ci n'a point observé l'article 1er du contrat de 1895. Celui-ci dispose : « Le gouvernement de la République concède à la Compagnie le droit exclusif d'établir la communication télégraphique, au moyen d'un ou plusieurs câbles sous-marins, entre la côte du Vénézuéla et un point quelconque des États-Unis de l'Amérique du Nord, cette communication pouvant être directe ou indirecte ». Il résulte nettement de ce texte, dit-on, que la communication à établir du Vénézuéla aux États-Unis doit l'être par câbles sous-marins. Or cette condition n'est pas remplie puisque le câble sous-marin est divisé en deux sections reliées entre elles par le fil aérien de Saint-Domingue. D'autre part, la Compagnie s'était obligée à construire une ligne côtière nationale : or, en faisant passer par Curaçao le câble qui va de Puerto-Cabello à la Vela de Coro, elle en a fait une ligne internationale (3).

Sur la base de ces griefs la Compagnie est, après des incidents de procédure inutiles à rapporter (4), condamnée par un jugement de première instance du 31 mars 1905 que confirme, en appel, la Cour fédérale et de cassation, le 4 août de la même année (5). L'annulation du contrat de 1895 est prononcée pour inexécution sans que, d'ailleurs, la Compagnie soit, de ce chef, condamnée à des dommages et intérêts :

(1) V. dans *Le Vénézuéla, la France et le câble français*, Caracas, imprimerie nationale, p. xliii, et suiv. l'assignation et les pièces invoquées.

(2) La première assignation est du 3 novembre 1903. V. *Le Vénézuéla et la Compagnie française*, p. xciv.

(3) Le *Temps* du 4 avril 1905.

(4) *Le Vénézuela et la Compagnie française*, p. xcvii.

(5) V. ces décisions dans *Le Vénézuéla et la Compagnie française*, p. i et suiv.

elle obtient, au contraire, la reconnaissance, en principe, de son droit à une indemnité à raison de la rupture de son câble à Carupano. Nous laisserons de côté ces deux derniers points.

En tant qu'il annule la concession de la Compagnie, ce jugement, quoi qu'on en ait dit (1), était extrêmement critiquable. Au premier grief tiré du fait que la communication avec les États-Unis par l'intermédiaire du fil aérien de Saint-Domingue n'est pas conforme à l'article 1er du contrat de 1895 qui prévoit une communication au moyen de « câbles sous-marins » (2), il faut répondre que le contrat n'a pas la portée absolue, la signification exclusive de l'emploi de tout fil terrestre, qu'on prétend lui prêter. Cet article 1er de 1895 ne fait que reproduire l'article 1er du contrat de 1887 : celui-ci indiquait un mode d'exécution de la ligne projetée, le mode d'exécution normal sans doute ; mais rien n'autorise à dire qu'il visait un mode exclusif d'exécution. En fait, après le contrat de 1887, la communication avait été établie par le procédé aujourd'hui critiqué (3). Tel était l'état de fait en 1895 : il était naturel qu'il servît de base lors de la conclusion du contrat de 1895 ou qu'au cas contraire on prît la peine de le dire expressément. Or, au lieu d'adopter cette seconde alternative, le contrat de 1895 se réfère dans son article 8 à cet état de fait en disant : « Dans le but de réaliser une réduction sur les tarifs, la Société française des télégraphes sous-marins, qui a déjà établi la communication télégraphique entre le Vénézuéla et l'Amérique du Nord... » Cet article reconnaît que la communication existe : le Vénézuéla, en signant le contrat de 1895, a admis la communication non exclusivement sous-marine, telle qu'elle existait alors, telle qu'elle existe encore aujourd'hui (4).

Il est vrai que l'arrêt du 4 août oppose à ce raisonnement que la « communication déjà existante » visée par l'article précité « ne peut être en aucune manière celle qui est convenue dans l'article 1er du même traité, attendu alors que ce contrat n'aurait aucune raison d'être si ce qui est convenu dans ledit existait auparavant ». Cette objection ne résiste pas à la lecture de l'article 1er. Elle serait fondée si celui-ci disait que

(1) Louis Rouvray. *La France et le Vénézuéla*, p. 6.

(2) M. René Pinon, *loc. cit.*, omet à tort les mots : « câbles sous-marins » qui sont dans le texte.

(3) Peut-être même cette communication avait-elle été expressément approuvée par une résolution du gouvernement vénézuélien du 28 juin 1888.

(4) C'est parce qu'il ne se réfère qu'à la lettre de la convention de 1895 sans tenir compte de l'état antérieur des choses que M. de Barral-Montferrat écrit que « d'après l'article 1er de cette convention le câble eût dû contourner l'île de Saint-Domingue par immersion, depuis Santo-Domingo jusqu'à Puerto-Plata » (*Le Président Castro et le conflit franco-vénézuélien*, dans le *Correspondant* du 10 juillet 1906 p. 92).

la Compagnie s'engage à établir une communication télégraphique par câbles sous-marins : alors, cette obligation n'aurait de sens que si la communication devait être autre chose que celle déjà existante. Mais l'article 1ᵉʳ ne dit pas cela. Il n'impose pas à la Compagnie une obligation qui ne saurait exister si déjà elle était exécutée ; il dit quel est le droit de la Compagnie ; il la dit concessionnaire à titre exclusif du droit d'établir la communication télégraphique en question. Il maintient à la charge du Vénézuéla la double obligation permanente de respecter la concession de la Compagnie et de n'en pas accorder une semblable à d'autres. Rien ne s'oppose à ce qu'en tête du nouveau contrat cette obligation soit énoncée, alors même qu'elle existait auparavant parce qu'elle a un caractère de permanence.

Ainsi donc, pour le câble international, le contrat de 1895 n'a créé aucune obligation nouvelle pour la Compagnie : par cela même il comporte implicitement acceptation de l'exécution des obligations antérieures : l'article 8 contient une acceptation expresse. Le Vénézuéla est mal venu, aujourd'hui, à critiquer la communication établie.

Le second grief ne résiste pas davantage à l'examen. L'arrêt du 4 août prétend que la Compagnie a manqué à ses engagements en reliant la Vela de Coro non pas directement à Puerto-Cabello, mais à Curaçao, point où atterrit le câble venant de la Guayra, ce qui rend internationale la communication entre la Vela de Coro et Puerto-Cabello. Mais il faut observer que l'article 2 du contrat de 1895 ne visait pas l'établissement de câbles entre les divers ports du Vénézuéla mais de câbles reliant ceux-ci à la ligne internationale (1).C'est précisément ce que fait le câble Coro-Curaçao.

Si l'on persiste néanmoins à critiquer celui-ci, nous observerons que le gouvernement vénézuélien n'a fait aucune objection au moment de sa pose et que ce câble fonctionnait déjà lorsqu'est intervenu l'arrangement de 1900 ; en ne protestant pas à cette époque, le Vénézuéla a implicitement renoncé à le critiquer. L'arrangement de 1900 qui réduit la durée de la concession, abaisse les tarifs, fait remise d'une dette au gouvernement, doit être considéré comme une transaction faite sur la base de l'acceptation du *statu quo* pour tous les points non expressément visés.

Les réclamations du Vénézuéla sont tardives. Elles le sont, en ce sens

____

(1) Telle est l'interprétation commandée par le texte, telle est aussi la seule interprétation rationnelle. La Vela de Coro a intérêt à être reliée au câble international : elle l'est à Curaçao. Elle a intérêt à être reliée à Puerto-Cabello : mais le meilleur mode pour cela, étant donnée la configuration de la côte, c'est l'établissement d'un fil terrestre. Ce n'est que pour des raisons particulières qu'on préfère le câble sous-marin au fil terrestre : par exemple câble Aden-Zanzibar. Si l'on avait eu l'idée singulière de faire suivre à un câble sous-marin l'arc Coro-Puerto-Cabello, on aurait dû le dire expressément.

que son attitude antérieure implique qu'il a tenu pour observées les clauses du contrat (1). Elles le sont encore, a-t-on dit, d'après la loi vénézuélienne. Celle-ci défend, en matière de travaux d'utilité publique, d'intenter une action en garantie après deux années de bon fonctionnement. Cette disposition s'applique parfaitement à notre hypothèse. Les deux câbles critiqués sont évidemment des entreprises d'utilité publique : pendant plus de deux ans ils ont fonctionné d'une façon satisfaisante.

D'ailleurs, si, en droit, l'arrêt du 4 août est mal fondé, ce n'est pas, cependant, que le Vénézuéla ne puisse élever contre la Compagnie de légitimes réclamations. La Compagnie a observé la lettre de son contrat ; mais sa concession lui a été accordée pour qu'elle assurât au pays un bon service de communications télégraphiques. Or, en fait, ce but n'est pas atteint : le service entre la Guayra et les États-Unis fonctionne d'une façon déplorable, celui du réseau côtier présente des dangers que nous indiquerons ultérieurement. Le Vénézuéla est, de ce chef, légitimement fondé à réclamer une revision du contrat de concession en vue de l'amélioration du service. Mais cette réclamation, basée sur l'équité, il lui appartient de la faire valoir non devant les tribunaux mais dans des négociations. C'est ce qu'on n'a pas bien vu à Caracas : on n'a pas distingué les deux choses, et c'est pour avoir commis cette confusion qu'abandonnant la bonne voie on s'est attaché à un procès injuste.

Cependant, il y avait eu, à côté du procès, des négociations. Le 20 mai 1904, la Compagnie avait offert d'établir la communication exclusivement sous-marine avec les États-Unis dans le délai d'un an et la légation française avait garanti la promesse de la Compagnie : le Président Castro avait alors répondu qu'il n'acceptait pas de propositions amiables au cours de procès. Cependant, à l'inverse, le Président avait, le 23 février 1905, déclaré s'en tenir à un projet de contrat basé sur l'abandon au Vénézuéla du câble côtier et la substitution au câble de la Guayra à Curaçao d'un câble de la Guayra à Fort-de-France (2). A ce moment, la léga-

(1) C'est ce que dit M. Jéramec, Président du Conseil d'administration de la Compagnie dans une lettre publiée par le *Temps* du 12 août 1905: « Le gouvernement du Vénézuéla a attendu quinze ans après la signature du contrat passé entre lui et la Compagnie française — quinze ans pendant lesquels il a reconnu et consacré par plusieurs avenants l'état de choses établi — pour s'aviser d'une interprétation de l'article premier du contrat initial contre laquelle n'ont cessé de protester et notre ministère du commerce et notre ministère des affaires étrangères ».

(2) Ce câble aurait réalisé la communication exclusivement sous-marine avec les États-Unis et l'Europe. Ce projet comportait encore comme principales clauses : des changements de tarifs, durée du monopole fixée à 25 ans, établissement d'un câble direct entre la Vela de Coro et Puerto-Cabello, droit pour le Vénézuéla d'avoir au bureau

tion avait résisté à l'idée d'abandonner le câble côtier ; elle avait transmis le projet au gouvernement français, qui ne crut pas devoir l'accepter.

III

Après l'arrêt de la Cour fédérale, les événements se poursuivent dans deux directions. En premier lieu le gouvernement vénézuélien songe à exécuter l'arrêt, à tirer les conséquences que comporte l'annulation du contrat de concession. Le ministère du Fomento prescrit que les taxes télégraphiques soient désormais déterminées non par ce contrat, mais par les règlements vénézuéliens : il indique au gérant du câble l'intention de fermer les bureaux de la Compagnie à l'exception de celui de la Guayra. La Compagnie, de son côté, observe une très grande réserve : elle maintient au bénéfice du gouvernement le tarif de faveur que le contrat de concession lui octroyait, avantage que le ministre du Fomento se hâte d'accepter. Elle fait préciser la double intention du gouvernement de ne laisser ouvert que le bureau de la Guayra, point de départ des communications avec l'étranger, et de ne pas utiliser lui-même le réseau côtier de la Compagnie (1).

En second lieu, les négociations en vue d'un accord amiable sont reprises. C'est que l'arrêt du 4 août n'a pas créé une situation se suffisant à elle-même. Encore qu'on l'admette, resteront après lui d'importantes questions à trancher. La Compagnie, privée par lui de son monopole, voyant son contrat annulé, n'en demeure pas moins propriétaire de ses câbles et de ses bureaux. Le Vénézuéla a grand intérêt à être relié télégraphiquement avec New-York et l'Europe : le câble déjà posé s'offre pour cela. Il est naturel qu'on négocie pour régler la situation future, ce que ne fait aucunement l'arrêt rendu. Celui-ci, on ne doit pas l'oublier, peut être considéré comme un élément du problème : il n'en constitue pas la solution.

Le 16 août, le Président Castro voyait M. Taigny qui venait, à titre de chargé d'affaires, de remplacer M. Wiener ; il se montrait très bien disposé à l'égard de la France, comme, d'ailleurs, il l'avait été pen-

de la Guayra un fiscal chargé d'inspecter le contenu de tous les télégrammes, oubli réciproque de tous les griefs passés. — V. le texte de ce projet dans *Le Vénézuéla, la France et le câble français*, p. xxi et suiv.

(1) V. diverses pièces reproduites dans *Le Vénézuéla et la Compagnie française*, p. xxviii, xxxiv.   Le *Temps* du 9 août 1905 reproduit, venant de Washington, une dépêche de Caracas au *Herald* disant que le représentant de la Compagnie avait protesté auprès de la légation contre l'arrêt du 4 août et que la Compagnie, ne reconnaissant pas cette décision, continuait à remplir son contrat.

dant la mission de M. Wiener (1), et il s'engageait à substituer à la sentence un arrangement amiable. Les négociations dans ce but sont poursuivies en même temps que d'autres à caractère financier et sont, dans une certaine mesure, liées à ces dernières.

Le Président Castro avait eu l'intention de faire une vaste opération financière : l'unification des dettes vénézuéliennes. Il s'agissait de remplacer l'ancienne dette diplomatique, la dette allemande, la dette anglaise, la dette intérieure, la dette nouvelle résultant des sentences arbitrales, par une dette unifiée s'élevant au capital d'environ 200 millions (2). Cette affaire, dont était chargé le général Velutini, n'a pas réussi dans ces termes. On ne peut que s'en féliciter, car elle n'eût, vraisemblablement, profité qu'aux seuls intermédiaires au détriment des souscripteurs (3). Le général Velutini n'a pas réussi non plus à placer en Europe les concessions (banque, monopole des allumettes et des cigarettes, mines, chemins de fer) qu'il y offrait.

En 1905, il arrive à un accord avec les Anglais et les Allemands : la dette dont ils étaient porteurs est convertie en dette diplomatique munie d'une garantie spéciale (4). En même temps le gouvernement vénézué·

(1) Citons ce fait : le 14 juillet 1904, le Président Castro avait vu M. Wiener à la légation et l'avait félicité : c'était la première fois qu'il venait dans une légation européenne.

(2) On se proposait de racheter au taux du jour les dettes anglaise et allemande, faire entrer en ligne de compte la dette intérieure à raison de 25 0/0 et escompter la dette diplomatique suivant un taux à débattre.

(3) Dans un Memorandum inséré au Livre bleu, *Venezuela* , n° 1 (1903), annexe au n° 234, p. 213, on lit, en effet, que, « durant les 69 ans écoulés depuis que le Vénézuéla est un État indépendant,... sa dette extérieure... a été en souffrance pendant près de 40 ans et que, durant la même période, la République a contraint les porteurs de titres à accepter cinq arrangements par chacun desquels ils ont eu à subir de larges sacrifices ».

(4) Les conditions financières de cet arrangement sont les suivantes. Le capital de la dette 3 0/0, 1881 est échangé au cours de 72, 50 0/0, celui de la dette 5 0/0, 1896, l'est au pair contre les titres d· la nouvelle dette. Les intérêts en retard de ces deux emprunts au 31 décembre 1904, s'élevant à 19, 50 0/0 pour celui de 1881, à 32 0/0 pour celui de 1896, sont amortis au pair. Le nouvel emprunt est à 3 0/0, amortissable en 47 ans, au moyen d'un fonds d'amortissement de 1 0/0 soit par tirage au sort, soit par rachat sur le marché, soit par voie de soumission. Le capital de cet emprunt est de 5.229.700 liv. st. A sa garantie sont affectés, en dehors des revenus généraux de l'État, 25 0/0 du produit des recettes douanières. Cette dette est une dette diplomatique dont les arrérages sont remis aux ministres anglais et allemand à Caracas. *Monde économique*, des 1er et 22 juillet et 2 septembre 1904. *Statesman 's year-book*, 1906.

Au point de vue juridique, remarquons que cette conversion n'est que l'exécution d'une obligation assumée par le Vénézuéla en vertu des protocoles de Washington du 13 février 1903. Le protocole allemand disait dans son article 6 : « Le gouvernement vénézuélien s'oblige à régler à nouveau, d'une façon satisfaisante, l'emprunt vénézuélien 5 0/0 de 1896.. ». Le protocole anglais s'exprimait d'une façon analogue dans son article 6.

— Remarquons, d'autre part, que la conversion ainsi effectuée de la dette ordinaire en dette diplomatique contredit la doctrine Drago. D'après celle-ci, un État ne peut employer

lien veut obtenir à Paris 80 millions. Il y envoie M. Madueno, agent
financier sans fonctions officielles, qui est chargé, d'une part, d'offrir des
concessions (1), d'autre part, de signer un arrangement avec la Compagnie des câbles. L'affaire financière et celle des câbles sont liées et
en août 1905 les négociations paraissent en bonne voie : on annonce le
prochain départ pour Caracas de trois délégués des banques.

Mais un changement se produit. Soit par contrecoup du bruit qui,
paraît-il, se répand, au début de septembre, à Caracas, que les délégués
ne s'embarquent pas et que les banques sont hésitantes, soit parce que
telle est la suite de l'exécution déjà ébauchée de l'arrêt du 4 août, le
Président Castro prend, le 4 septembre, un décret décidant la fermeture
du bureau de la Compagnie à Caracas et de ses autres bureaux sur la côte
à l'exception de celui de la Guayra, tête de ligne pour les communications avec les États-Unis (2). M. Taigny, chargé d'affaires de France, s'en-
tretient à ce sujet avec le général Ybarra, ministre vénézuélien des relations extérieures. Il lui dit que le gouvernement français espère que
le Président Castro voudra maintenir le *statu quo* jusqu'à l'arrivée du
délégué de la Compagnie et des délégués des banques : si des mesures
étaient prises contre les bureaux de la Compagnie, le gouvernement
français se verrait obligé de retarder le départ des délégués, ce qui re-

la contrainte et logiquement il faut dire qu'il ne peut intervenir même par les voies
pacifiques vis-à-vis d'un autre État qui néglige le service de sa dette publique. La meilleure raison qu'on en puisse donner, c'est que le non-payement est l'affaire du créancier,
non de son État national, que ce créancier a dû compter sur cette éventualité,a fait un
contrat aléatoire dont il serait injuste de faire disparaître le risque, qu'en somme ici
doit régner le principe : *caveat emptor*. La conversion de 1905, contrairement aux ten-
dances de cette doctrine, vient établir une solidarité étroite entre les créanciers et leur
État national, enlever son caractère purement privé à la dette pour en faire une dette
diplomatique, faire intervenir les agents diplomatiques dans le payement des créanciers.
Or les protocoles de février 1903 n'exigeaient pas cette transformation. Ce précédent,
hostile à la doctrine Drago, mérite d'être relevé à plusieurs titres : 1° parce qu'il est un
précédent purement volontaire, librement consenti ; 2° parce qu'il émane d'un État Sud-
américain alors que la doctrine Drago est une doctrine Sud-américaine ; 3° parce qu'il
émane précisément de l'État à propos et en faveur duquel la doctrine Drago avait été
émise ; 4° ce précédent nous paraît d'autant plus digne d'être relevé que, si l'on en croit
certaines informations de presse, nous sommes à la veille de voir la doctrine Drago
soumise à la seconde Conférence de la Haye. Nous avons exposé et critiqué la doctrine
Drago dans notre article : *L'action coercitive anglo-germano-italienne contre le Vénézuéla* (1902-1903), dans la *Revue gén. de droit intern. public*, t. XI (1904), p. 449 et
suiv. Depuis cette époque nous avons eu connaissance d'une brochure de M. F. de Martens, *Par la justice vers la paix*, Saint-Pétersbourg, 1904, dont la lecture n'a pas modifié notre opinion.

(1) Le *Temps* du 2 juillet 1905 annonçait que le Congrès du Vénézuéla avait ratifié
un contrat avec M. Madueno pour l'établissement d'une banque nationale et qu'il lui
avait accordé le monopole des cigarettes.

(2) V. ce décret dans *Le Vénézuéla et la Compagnie française*, p. XXI.

culerait « la date espérée d'un accord qui, englobant dans son ensemble les câbles et la fondation d'une banque d État, est désiré à Paris et également souhaitable pour les deux pays » (1).

Ces observations n'incitent pas le gouvernement vénézuélien à la modération ; il dit exécuter la sentence prononcée et, comme M. Brun, gérant de la Compagnie, proteste, invoquant que le décret du 4 septembre « est en opposition formelle avec les lois qui régissent le Vénézuéla et qui garantissent aux nationaux et étrangers la pleine liberté de l'industrie » (2), il l'expulse (3). Aussi bien trouve-t-il que M. Brun est un personnage gênant quand il lui reproche d'avoir toujours été un obstacle à un arrangement amiable (4).

Ces mesures brutales qui, quelques jours plus tard, vont être complétées par la fermeture effective des bureaux de la Compagnie sont d'autant plus singulières qu'on n'a pas renoncé à négocier. Le Memorandum de M. Ybarra, du 5 septembre, le dit expressément et, si l'on en croit les documents publiés à Caracas, M. Madueno aurait obtenu en septembre de la Compagnie qu'elle donnât des ordres à son agent au Vénézuéla pour l'adoption d'un règlement provisoire (5).

Cette persistance des négociations après l'arrêt du 4 août montre bien que, aux yeux du gouvernement vénézuélien lui-même, cet arrêt ne termine pas l'affaire. Il n'est qu'un élément de celle-ci, une base pour des négociations qu'il ne rend pas inutiles.

Poursuivant sa politique double, le gouvernement vénézuélien, sans renoncer à l'idée de conclure un arrangement, se décide bientôt à appliquer le décret du 4 septembre (6) : le trafic se trouve ainsi arrêté sur le câble côtier et sur la ligne terrestre de Caracas à la Guayra appartenant à la Compagnie. M. Taigny, dans une Note du 16 septembre, proteste aussitôt. Il prend soin de le faire en des termes courtois : il dit que ces mesures sont, aux yeux du gouvernement français, une violation des droits de la Compagnie. La protestation est très brève et ne contient pas une discussion complète de l'affaire (7).

---

(1) *Le Vénézuéla et le câble français*, p. XXVI.

(2) Lettre du 6 septembre. V. *Le Vénézuéla et la Compagnie française*, p. XXXV.

(3) Décret du 6 septembre 1905. V. *Le Vénézuéla et la Compagnie française*, p. XXXVII.

(4) Memorandum de M. Ybarra du 5 septembre 1905. V. *Le Vénézuéla, la France et le câble français*, p. XXVII. — V. aussi *Le Vénézuéla et la Compagnie française*, p. XXVII.

(5) *Le Vénézuéla, la France et le câble français*, p. VIII ; *Le Vénézuéla et la Compagnie française*, p. XLIII et CIV.

(6) A partir du 16 septembre. V. le *Temps* du 20 septembre 1905.

(7) En voici le texte : « M. le Ministre. — En conformité avec les instructions que j'ai reçues du ministre des affaires étrangères, je me vois obligé de transmettre à V. E. la protestation formelle élevée par mon gouvernement contre les mesures qui viennent

A cette protestation le général Ybarra, ministre des relations extérieures, répond par une Note du 18 septembre (1). Il convient d'insister

d'être appliquées aujourd'hui par le gouvernement des États-Unis du Vénézuéla, en exécution du décret du 4 septembre dernier et qui ont eu pour résultat d'arrêter le trafic public sur la ligne terrestre de Caracas à la Guayra et sur le câble côtier appartenant à la Compagnie française des câbles télégraphiques. — Le gouvernement de la République estime que ces mesures constituent une violation des droits de la Compagnie en question, qui doit continuer, en tout état de cause, à bénéficier des garanties qui sont accordées au commerce et à l'industrie, tant nationaux qu'étrangers, par les lois vénézuéliennes existantes. — Je vous serais reconnaissant de bien vouloir porter cette protestation à la connaissance de l'Exécutif national et j'ai l'honneur de vous exprimer à cette occasion tout le regret que j'éprouve de ce que les circonstances m'obligent à une communication que mon gouvernement a cru nécessaire et à laquelle je tiens à conserver le caractère courtois et officiel qu'elle comporte. — Veuillez agréez, etc. ».

(1) Voici le texte de cette Note :

« Monsieur. En accusant réception à V. E. de votre courtoise Note du 16 courant, je suis chargé par le Président constitutionnel de la République de vous dire ce qui suit : — Qu'étant donné que le procès de l'annulation du contrat entre le gouvernement du Vénézuéla et la Compagnie du câble français a suivi son cours légal, devant les tribunaux compétents, comme cela a été reconnu dernièrement par la Compagnie elle-même, suivant communication du 16 courant du chef du câble de cette ville, — communication qui repose en notre pouvoir — ce qui rend votre protestation complètement inopportune ; — Qu'étant donné aussi que ladite Compagnie a reconnu implicitement ses torts, tels que celui de non-accomplissement de quelques-unes des clauses de son contrat, et, ce qui est plus grave, celui de la participation active que ladite Compagnie a prise à la dernière révolution ayant pour but de renverser le gouvernement légal de la nation vénézuélienne, documents originaux qui sont au pouvoir du gouvernement de la République ; — Qu'il devient alors évident et clair que le gouvernement français, par l'intermédiaire de son légitime représentant, parait assumer, par la protestation sus-énoncée, les responsabilités de la Compagnie du câble français, non seulement dans la faute de non-exécution de son contrat mais encore dans l'attitude éminemment subversive et révolutionnaire que ladite Compagnie a montrée pendant la durée de la fatale guerre qui ruina le Vénézuéla, ce qui n'est pas un procédé amical ; — Attendu qu'il est du domaine officiel et public que le fait de la part du chargé d'affaires du gouvernement français de n'avoir pas protesté contre les mesures antérieures que le gouvernement vénézuélien s'est vu dans l'obligation de prendre, telle que celle de l'expulsion de l'ancien gérant de la Compagnie, M. Brun, implique la reconnaissance que le gouvernement du Vénézuéla a procédé correctement ; — Et attendu, enfin, que l'on n'a pas rencontré de motif pour invoquer, en faveur de la Compagnie, le cas de déni de justice contre la sentence rendue par le haut tribunal de la République, le 4 août de l'année courante, unique recours accordé par la législation universelle et internationale ; — Pour ces motifs, le gouvernement du Vénézuéla, usant d'un droit légitime et naturel, fait savoir à l'honorable M. Olivier Taigny, chargé d'affaires de France, afin qu'il le porte à la connaissance de son gouvernement, que le gouvernement du Vénézuéla proteste à son tour en défense et pour le maintien des droits et prérogatives de la République ; et qu'en conséquence il ne traitera plus des affaires d'un caractère diplomatique et de bonne amitié avec le gouvernement français par l'intermédiaire de son actuel représentant à Caracas, l'honorable M. Olivier Taigny, jusqu'à ce qu'il ait reçu les explications satisfaisantes qu'exige la bonne amitié entre les nations qui la cultivent avec respect et convenance mutuels. — Je profite de cette occasion pour réitérer à V. E. les protestations de ma considération distinguée. — Alejandro Ybarra ».

sur celle-ci, qui présente une importance capitale: désormais et par l'effet de cette Note, l'affaire des câbles va passer au second plan pour laisser le premier à un conflit plus direct entre la France et le Vénézuéla tournant autour du point de savoir si les relations seront ou non interrompues entre les deux États.

La Note Ybarra critiquait, tout d'abord, le bien fondé de la protestation française. Sa doctrine, sur ce point, telle qu'on peut la dégager d'une rédaction confuse, éclairée d'ailleurs en partie par le Memorandum remis le 3 novembre 1905 par le général Ybarra à M. Russell, ministre des États-Unis à Caracas (1), était la suivante. L'affaire des câbles est une affaire privée : elle ressortit à la compétence des autorités vénézuéliennes. La traiter par la voie diplomatique, c'est porter atteinte à la souveraineté du Vénézuéla. La voie diplomatique ne serait légitime que s'il y avait eu déni de justice. Or, ce n'est pas le cas : une décision judiciaire a été rendue après une procédure légale ; la Compagnie des câbles a elle-même reconnu ses torts. Que valait cette défense ?

Le point capital, c'était l'incompétence proclamée de la voie diplomatique, sauf le cas de déni de justice. Cette incompétence était, par la Note du 18 septembre, placée sous le couvert de « la législation universelle et internationale » ; le *Constitucional* du 20 janvier 1906 la proclama comme étant de « notion élémentaire en droit diplomatique » (2), en assimilant d'ailleurs le cas d'injustice notoire à celui de déni de justice. Restreindre ainsi la protection par un État de ses sujets à l'étranger, n'est pas, en réalité, un principe aussi incontestable de droit des gens. Mais ce n'est pas ici le lieu de faire la critique de cette prétention (3), car le Vénézuéla avait, pour l'appuyer, une base plus solide, en apparence du moins, qu'il n'a pas invoquée expressément dans les documents

---

(1) *Le Vénézuéla, la France et le câble français*, p. xxx et suiv.

(2) « Il est de notion élémentaire en droit diplomatique, que l'intervention officielle des gouvernements en faveur de leurs nationaux ne peut se produire que dans le cas de déni de justice ou d'injustice notoire ».(V. *Le Vénézuéla, la France et le câble français*, p. xvi). Ce passage tire son importance du fait que, publié dans le journal officieux du Président Castro, il a été reproduit dans le recueil précité, imprimé par ordre du ministère vénézuélien des affaires étrangères.

(3) Bornons-nous sur ce point à remarquer que le Vénézuéla n'a pas réussi à faire prévaloir l'exclusion de la voie diplomatique pour les affaires ressortissant à la compétence de ses tribunaux lors de son conflit de 1902-1903 avec l'Allemagne, l'Angleterre et l'Italie : V. notre article précité dans la *Revue gén. de droit intern. public*, t. XI (1904), p. 374 et suiv. La prétention du Vénézuéla n'était pas nouvelle : en 1852 le gouvernement soumettait au Congrès de Caracas un projet tendant à la rédaction d'un code de droit public américain contenant, notamment, l'engagement de n'accepter aucune des réclamations présentées par les gouvernements pour des faits d'intérêt privé. V. la *Revue gén. de droit intern. public*, t. IV (1897), p. 227, note 1.

que nous avons sous les yeux, mais que nous ne voulons point passer sous silence.

Le Vénézuéla aurait pu songer à se prévaloir de l'article 5 de la convention du 26 novembre 1885 passée par lui avec la France et qui dispose de la façon suivante : « Afin d'éviter à l'avenir tout ce qui pourrait troubler leurs relations amicales, les Hautes Parties Contractantes conviennent que leurs représentants diplomatiques n'interviendront point au sujet des réclamations ou plaintes des particuliers concernant des affaires qui sont du ressort de la justice civile ou pénale, d'après les lois locales, à moins qu'il ne s'agisse de déni de justice ou de retards en justice contraires à l'usage ou à la loi, de l'inexécution d'un jugement définitif ou enfin de cas où, malgré l'épuisement des moyens légaux, il y a violation évidente des traités ou des règles du droit des gens ». Ce texte, toujours en vigueur, pour les intérêts privés ressortissant à la compétence juridictionnelle locale, restreint l'intervention diplomatique aux cas de déni de justice, de retards illégaux en justice, de violation évidente des traités ou du droit des gens. Ce texte consacre, en somme, comme conventionnelle, la thèse juridique que le Vénézuéla considère comme le droit commun : que cette thèse constitue ou non ce droit commun, peu nous importe ici ; il nous suffit de constater qu'elle est obligatoire dans les rapports entre la France et le Vénézuéla. Dès lors, la vraie question est de savoir si cette thèse, consacrée par l'article 5, est bien applicable dans notre espèce.

A cette question, le Vénézuéla répondait par l'affirmative : il s'agissait de statuer sur une concession octroyée à la Compagnie des câbles, affaire privée, de la compétence des tribunaux vénézuéliens ; il n'y avait eu ni retard en justice, ni déni de justice puisque plusieurs sentences avaient été rendues : le Vénézuéla ne pouvait admettre que ses juges eussent manqué en quelque chose aux traités ou au droit des gens. Aussi repoussait-il la voie diplomatique.

Cette manière de voir était-elle exacte ? En mars 1905, M. Wiener y opposait cette considération que l'affaire n'intéressait pas seulement la Compagnie mais encore, d'une manière directe, l'État français (1). Sa pensée paraissait être que celui-ci ne se bornait pas ici à protéger ses nationaux à l'étranger, qu'il défendait des intérêts à lui propres résultant aussi bien du régime prévu pour la subvention remboursable fournie à la Compagnie que des restrictions mises par les accords de 1895 et de 1901 à la faculté pour la Compagnie d'aliéner ses lignes. Si ces vues — qui, il faut bien le reconnaître, tendaient à attribuer à la Compagnie une

(1) Le *Temps*, du 23 mars 1905. — *Le Vénézuéla et la Compagnie française*, p. xcix.

nature juridique un peu incertaine — étaient exactes, l'article 5, qui vise l'hypothèse où l'État se saisit, pour la traiter par la voie diplomatique, de l'affaire d'un particulier, était inapplicable dans l'espèce.

Même en laissant de côté cette conception, même en tenant l'affaire pour purement privée, la voie diplomatique ne saurait être écartée par la convention de 1885. Sans doute nous n'y trouvons ni retard illégal dans la procédure, ni inexécution d'un arrêt définitif, ni violation évidente des traités ou des règles du droit des gens ; nous n'y trouvons pas non plus de déni de justice au sens précis, c'est-à-dire de refus systématique de rendre la justice : aussi bien comment en trouverions-nous un puisque la Compagnie était défenderesse ? Et cependant n'y a-t-il pas eu un véritable déni de justice ? Si nous consultons le spécialiste en matière de responsabilité internationale des États, M. Anzilotti, nous voyons qu'il analyse la responsabilité de l'État pour déni de justice — responsabilité que mettra en mouvement la voie diplomatique — comme une conséquence de l'obligation pour l'État d'accorder aux sujets étrangers la protection judiciaire. Or, dit-il, il faut que cette dernière obligation soit exécutée de bonne foi et elle ne le serait pas si le recours aux tribunaux ne faisait pas obtenir aux étrangers une bonne justice. « Aussi, conclut-il, lorsque, dans un cas donné, la justice a fait absolument défaut, lorsque, de toute évidence, les juges ont obéi à des influences étrangères à leur mission et que les passions politiques l'ont emporté sur les raisons du droit, on peut dire qu'il n'y a plus eu que l'apparence de la protection judiciaire voulue par le droit international : et, alors, l'obligation de l'État n'a pas été accomplie parce que, sous l'extérieur d'une justice rendue, il n'y a eu, en fait, qu'une justice déniée » (1). Cette interprétation souple du déni de justice a été adoptée dans les motifs de la sentence arbitrale France-Vénézuéla du 30 décembre 1896 (aff. Fabiani) (2). L'arbitre entend précisément l'article 5 de la convention de 1885 en ce sens qu'il assimile au déni de justice les « violations flagrantes du droit commises sous l'apparence de la légalité ». Cette interprétation, qui suppose qu'on recherche si, sous l'apparence d'un jugement, il y a eu vraiment justice rendue avec les garanties essentielles qui se rattachent à celle-ci, s'impose surtout quand, comme dans notre espèce, l'étranger, étant défendeur, n'a aucunement à craindre l'abstention du juge, mais seulement son iniquité.

Dans notre espèce les apparences de la justice ont été sauvegardées, mais ce n'est pas une véritable justice qui a été rendue. Les critiques de

(1) Anzilotti, *La responsabilité internationale des États à raison des dommages soufferts par des étrangers*, dans la *Revue gén. de droit intern. public*, t. XIII (1906), p. 25.

(2) G.-F. de Martens, *Nouveau recueil général de traités*, 2ᵉ série, t. XXVII, p. 683.

fond que nous avons adressées à l'arrêt du 4 août le montrent déjà,
encore qu'on ne puisse pas assimiler purement et simplement le mal
jugé au déni de justice. Cela est, de plus, confirmé par l'existence des
vices bien connus de l'organisation judiciaire vénézuélienne (1). Un tel
jugement, rendu dans de telles conditions, ne constitue aucunement
l'accomplissement de l'obligation pour l'État d'accorder la protection
judiciaire aux étrangers : il ne saurait prétendre au respect exceptionnel
dont doivent jouir les sentences judiciaires d'après l'article 5 de la
convention de 1885 (2)

Si, cependant, on se laissait trop dominer par la forme de ces sentences et par une conception étroite du déni de justice et si l'on voulait, par
suite, écarter l'action diplomatique sous prétexte qu'ainsi le veut la
convention de 1885, nous insisterions de la manière suivante. Tout d'abord,
il est certain que la justice rendue contre la Compagnie des câbles,
c'est de la mauvaise justice, que l'État vénézuélien a mal rempli
sa fonction de justice et cela au détriment d'une Compagnie étrangère. Ce fait, en soi, légitimerait les réclamations de l'État français. On
objecte la convention de 1885 : supposons-la formelle dans le sens de
l'exclusion de la voie diplomatique dans notre espèce. On se trouve
ainsi en présence d'une opposition absolue entre les exigences du bon
ordre international et les stipulations d'un traité. Quand il en est ainsi,
un moment arrive où le traité doit être laissé de côté. Le Vénézuéla doit
savoir que si la clause du traité de Paris qui déclare la Sublime Porte
admise à participer aux avantages du droit public et du concert européen est restée lettre morte et n'a point mis fin à la pratique des inter-
ventions, c'est qu'après comme avant 1856 la Turquie s'est montrée in-
capable de remplir ses fonctions de souveraineté ; il ne doit pas oublier
que lui-même, par les protocoles du 19 février 1902 et du 27 février 1903,
a dû admettre l'examen par une Commission arbitrale des réclamations
des sujets français, et cela, contrairement à la convention de 1885 ; il
doit en conclure que cette convention qu'il invoque ne s'impose à la
France qu'autant que lui-même remplit les obligations expressément
ou tacitement mises à sa charge. La convention de 1885 est fondée sur
cette présomption que le Vénézuéla rend la justice d'une façon satisfai-

---

(1) Ces vices ont été déjà signalés dans la *Revue gén. de droit intern. public*, t. II
(1895), p. 346 et t. XI (1904), p. 390-391. V. aussi de Barral-Montferrat, *Le Président
Castro et le conflit franco-vénézuélien*, dans le *Correspondant* du 10 juillet 1906, p. 80.

(2) Nous disons respect « exceptionnel » et nous dirions de même si nous considérions
l'article 5 comme la consécration d'un principe de droit international non convention-
nel. Ce respect est « exceptionnel » si on le compare au respect dû aux actes de l'Exécutif qui peuvent être beaucoup plus largement critiqués par la voie diplomatique.

sante. Cette présomption doit être provisoirement acceptée : ainsi le veut le respect dû aux traités. Mais, quand elle contredit manifestement la vérité, — et c'est le cas dans notre espèce, — elle ne saurait demeurer à la base du droit en vigueur (1).

La voie diplomatique était, à vrai dire, si peu déplacée que, sans difficulté, elle fut suivie jusqu'à la Note du 18 septembre, et cette constatation confirme pleinement l'argumentation que nous venons de présenter. Nous avons signalé les négociations, auxquelles participe notre légation, en vue de modifier l'acte de concession ; nous avons indiqué que le gouvernement français avait cherché à empêcher l'exécution des mesures décrétées contre la Compagnie des câbles par la menace de retarder le départ des délégués des banques. Chose remarquable, dans le Memorandum du général Ybarra en réponse à M. Taigny, daté du 5 septembre, il n'était fait aucune objection de principe au fait, par celui-ci, de se mêler de cette affaire : l'incompétence de la voie diplomatique n'était pas proclamée. Quand on l'invoque, le 18 septembre, c'est une prétention nouvelle et nullement justifiée d'après tout ce que nous avons dit.

La Note Ybarra, pour écarter la protestation française, relevait contre la Compagnie un second grief. Elle l'accusait de complicité avec les fauteurs de la dernière révolution et, par contre-coup, semblait considérer que le gouvernement français assumait, par sa protestation, les responsabilités encourues de ce chef par la Compagnie. Nous retrouverons ultérieurement ce grief. Pour le moment, observons qu'au 18 septembre 1905 ce grief constitue une simple accusation sur laquelle il n'a pas été judiciairement statué. En vertu des principes les plus élémentaires de justice et de raison, cette accusation est dans le domaine de la controverse et, s'il appartient au gouvernement vénézuélien de la formuler, le gouvernement français n'est aucunement tenu de l'accepter sans contrôle. L'existence de cette accusation ne pouvait à aucun degré rendre

---

(1) Il est bien certain que déterminer exactement le moment où cette contradiction est assez grave pour faire tomber le traité ne peut être fait qu'en considérant chaque espèce. Cette détermination sera, pratiquement, l'œuvre de la diplomatie. On ne peut guère songer, actuellement, à la confier à l'arbitre. L'arbitre est naturellement porté à accorder grand crédit aux textes, aux traités : cela se comprend : car, investi de sa mission par les deux parties, il est naturel qu'il cherche à s'appuyer sur ce qui a été admis par elles. Cette tendance est prudente et favorable au développement de l'arbitrage : l'arbitre tire son autorité un peu du respect du droit, beaucoup de la bonne volonté des parties ; s'il escomptait trop exclusivement le premier en s'attachant à des principes supérieurs plutôt qu'aux traités, l'autorité de sa sentence en serait compromise. Les modifications au droit positif ne doivent pas, dans une espèce donnée, être attendues de l'arbitre, mais des parties.

illégitime la protestation française, faite d'ailleurs à un autre point de vue.

Le général Ybarra concluait des prémisses contestables que nous avons exposées et discutées par une contre-protestation. Il déclarait que son gouvernement ne traiterait plus « des affaires d'un caractère diplomatique et de bonne amitié avec le gouvernement français par l'intermédiaire de son actuel représentant à Caracas, l'honorable M. Olivier Taigny, jusqu'à ce qu'il ait reçu les explications satisfaisantes qu'exige la bonne amitié entre les nations qui la cultivent avec respect et convenance mutuels ». A lire ce texte, on le comprendra, sans hésiter, en ce sens que le Vénézuéla entend ne plus traiter aucune question avec la France tant que satisfaction n'aura pas été donnée à sa contre-protestation (1). Les griefs sont contre la France, mais la personnalité de M. Taigny paraît hors de cause, et c'est bien ainsi qu'on l'entendit au début : mais, dans la suite, nous constaterons un revirement à cet égard.

Ayant pris connaissance de la Note Ybarra, le ministre français des affaires étrangères y fit la seule réponse qu'il convenait : il demanda le retrait de la partie finale de la Note visant l'interruption de toute négociation jusqu'à ce que le Vénézuéla ait obtenu satisfaction. Le Président Castro proposa le retrait mutuel des Notes (2).

Le gouvernement des États-Unis, par l'intermédiaire de M. Russell, son ministre à Caracas, s'entremet alors pour rétablir l'accord entre les deux parties (3). M. Russell propose un arrangement sur les bases suivantes : retrait mutuel des Notes, prorogation jusqu'à fin décembre de l'exécution du décret du 4 septembre, ce laps de temps devant être utilisé pour conclure un accord entre le Vénézuéla et la Compagnie des câbles (4). Le général Ybarra répond par un Memorandum dans lequel il insiste tout d'abord sur ce point que la protestation française était inopportune, mal fondée, la contre-protestation vénézuélienne, légitime : il accepte le retrait mutuel des Notes et se déclare prêt à recevoir le délégué de la Compagnie des câbles en vue de conclure un arrangement ;

(1) De même, en 1902, le Vénézuéla avait émis une semblable prétention vis-à-vis de l'Angleterre, voulant qu'avant toute discussion sur d'autres points satisfaction lui fût donnée dans l'affaire du *Ban Righ*. V. la *Revue gén. de droit intern. public*, t. XI (1904), p. 394-395.

(2) V. les télégrammes échangés les 20 et 22 septembre entre M. Maubourguet, chargé d'affaires du Vénézuéla à Paris, et le Président Castro, dans *Le Vénézuéla, la France et le câble français*, p. XXVIII. V. aussi la Note de M. Taigny du 21 septembre, *op. cit.*, p. XXVII.

(3) On trouvera aussi dans *Le Vénézuéla, la France, etc.*, p. XXIX, un projet d'arrangement qu'aurait présenté un Français nommé Matarran, au nom de M. Taigny. Mais M. Taigny a nié l'avoir autorisé à faire cette proposition. V. le *Temps*, du 30 octobre 1905

(4) *Le Vénézuéla, la France, etc.*, p. XXIX.

ıl garde d'ailleurs le silence sur la suspension des effets du décret du 4 septembre (1).

Du côté français on se déclare prêt à accepter le retrait mutuel des Notes, mais on y met une condition préalable : il faut que, tout d'abord, on soit arrivé à un accord entre le Vénézuéla et la Compagnie (2). Cette attitude de la France se comprend très bien. Si, en effet, le retrait des Notes avait lieu immédiatement, le Vénézuéla retirerait une phrase offensante et donnerait sur un point satisfaction à la France : mais la France, retirant sa propre Note, renoncerait au fond à ses propres prétentions : elle laisserait la Compagnie des câbles sans protection, ce qu'elle n'entend pas faire. En d'autres termes, le Vénézuéla a un grief : il estime la protestation française illégitime. La France en a deux : les atteintes portées aux intérêts de la Compagnie et la contre-protestation déplacée du Vénézuéla. La France veut bien renoncer à son second grief ; si le Vénézuéla renonce au sien, mais elle ne renonce pas au premier.

Le Vénézuéla se voit obligé d'entrer dans les vues de la France : il le fait de mauvaise grâce, invoquant çà et là des prétextes dilatoires. Le 16 novembre, le général Ybarra (3) déclare qu'il lui est nécessaire de savoir quelle phrase de la Note discutée est jugée offensante par le gouvernement français. Question oiseuse, car le gouvernement vénézuélien sait quelle est cette phrase : elle lui a été indiquée par une Note de M. Taigny du 21 septembre et par un télégramme de M. Maubourguet, du 20, relatant un entretien avec le ministre français des affaires étrangères (4) ; le Memorandum du général Ybarra à M. Russell, du 3 novembre, fait mention de cette phrase. (5). Pourtant, sans relever ces circonstances, M. Russell fournit, le 20 novembre, au général Ybarra, le renseignement demandé (6). Le procédé ayant réussi, le général Ybarra croit bon de persévérer dans son emploi : il a besoin, écrit-il, de savoir « sur quelle raison le gouvernement français a basé sa protestation » (7). Mais la patience a des bornes et, à cette nouvelle question dilatoire, prélude, sans doute, d'autres semblables, le gouvernement français fait répondre qu'il n'est disposé à discuter les motifs de sa protestation que par l'intermédiaire de M. Taigny et qu'il attend la décision du Vénézuéla sur sa proposition qu'il précise de la façon suivante : le retrait des Notes

(1) *Le Vénézuéla, la France, etc.,* p. xxx.
(2) Note de M. Russell au général Ybarra, du 16 novembre 1903, *op. cit.,* p. xxxiii.
(3) *Le Vénézuéla, la France, etc.,* p. xxxiv.
(4) *Op. cit.,* p. xxvii et xxviii.
(5) *Op. cit.,* p. xxxii.
(6) *Op. cit.,* p. xxxv.
(7) *Op. cit.,* p. xxxv.

reste en suspens pendant la durée des négociations entre la Compagnie
et le Vénézuéla (1).

Acculé à la nécessité d'une réponse, le Vénézuéla en fournit une qui
ne cadre pas tout à fait avec ce qu'on lui avait demandé, qui, cependant,
envisagée en elle-même et dans l'hypothèse d'une exécution exacte,
était satisfaisante. Dans cette réponse faite le 13 décembre, lendemain
du jour où il a reçu, de la légation américaine, la communication de la
Note française précédente, le général Ybarra, après avoir prétendu que
cette réponse « rendait presque impossible l'accord », déclarait que le
gouvernement vénézuélien décidait de retirer sa Note entière ; dépassant
ainsi la portée de ce qu'on lui avait demandé, il se donnait de faux airs
de grandeur : de faux airs, disons-nous, car seul le retrait de la phrase
incriminée importait à la France, le retrait du reste ne lui fournissait
aucun avantage nouveau. Le retrait de la Note ne pouvait être de quelque valeur pour notre pays que si on en abandonnait réellement la doctrine, si l'on admettait désormais la voie diplomatique dans l'affaire : le
général Ybarra sur ce point n'était pas très net (2).

La Note du 13 décembre dit, en outre, que « le Président espère » que
le ministre américain obtiendra du gouvernement français l'envoi d'un
représentant dont les relations lui seraient plus agréables ». C'était demander le remplacement de M. Taigny, prétention nouvelle dont nous
verrons bientôt les conséquences se développer étrangement.

Le 29 décembre, M. Russell fait connaître au général Ybarra que « la
France apprécie hautement l'acte courtois » du Vénézuéla. Il ajoute :
« Je puis vous assurer que, comme le désire et l'espère le Vénézuéla,
bientôt on enverra à Caracas un autre représentant français » (3).

A ce moment, on a l'impression que le malentendu a été dissipé.
Le Vénézuéla a retiré sa protestation : celle de la France subsiste, car elle
n'aurait pu disparaître sans compromettre les intérêts de la Compagnie.
Un arrangement doit être conclu par celle-ci avec le Vénézuéla, et le
ministre de France participera à la négociation de cet arrangement ;
c'est du moins ce que l'on peut espérer, bien qu'il n'y ait pas d'engagement précis pris à cet égard. La France remplacera M. Taigny : mais.
en attendant, M. Taigny reste notre chargé d'affaires à Caracas puisqu'il n'a jamais été rappelé, puisque jamais les relations diplomatiques

(1) *Op. cit.*, p. xxxvi.
(2) La Note disait à ce point de vue : « Quant à la question pendante entre le gouvernement du Vénézuéla et la Compagnie du câble français, elle pourra suivre son
cours légal en attendant qu'un arrangement définitif aboutisse, et le gouvernement
vénézuélien verra toujours avec plaisir l'amicale intervention du gouvernement fran-
cais par l'intermédiaire de son représentant ici ».
(3) *Op. cit.*, p. xxxvii.

n'ont été officiellement rompues. Cependant, c'est sur ce point que vont éclater, sans retard, de nouvelles difficultés.

IV

Le Président Castro convie en effet tout le corps diplomatique à une réception officielle, pour le premier de l'an, mais il s'abstient d'y inviter M. Taigny. M. Russell, continuant son œuvre de bons offices, s'en étonne dans un Memorandum du 30 décembre (1). « Retirer la Note qui a rompu les relations avec M. Taigny et se refuser à ces relations, serait, dit-il, n'avoir rien retiré ». M. Taigny, continuant à être le représentant de la France, doit être traité comme les autres agents diplomatiques. M. Russell insiste pour que cette omission soit réparée et il indique combien serait grave la situation dans le cas contraire.

Le lendemain, le général Ybarra lui répond (2) : il affecte de s'étonner de la hâte qu'on lui demande d'apporter à sa décision, — comme s'il fallait longtemps réfléchir pour faire un acte de courtoisie s'imposant après le rétablissement déjà acquis des rapports amicaux, comme si pour inviter à la réception du premier de l'an on pouvait attendre au 15 janvier. Il déclare que le gouvernement français, en réponse au retrait de la Note vénézuélienne, aurait dû retirer sa protestation, comme si, de part et d'autre, ce retrait avait eu la même portée (3). Puis il rappelle la phrase de sa Note du 13 décembre exprimant l'espoir du Président de voir envoyer à Caracas un autre représentant français : nous allons voir, dans un instant, la portée de cette dernière allusion.

En fin de compte, M. Taigny ne fut pas invité à la réception du 1er janvier. Par là, le conflit prenait une allure nouvelle : le gouvernement vénézuélien prétendait séparer l'État français de son représentant, il entendait conserver de bonnes relations avec le premier sans poursuivre ces relations par l'intermédiaire du second. Cette prétention était nouvelle. On a bien dit dans la presse, dès le début, que le Président Castro rompait avec M. Taigny (4) ; on a bien, par ailleurs, indiqué des griefs personnels du premier contre le second qui expliqueraient cette volonté de ne plus entretenir de rapports avec lui (5) ; mais, dans la correspon-

---

(1) *Op. cit.*, p. xxxviii.

(2) *Op. cit.*, p. xxxviii.

(3) Sur cette différence de portée, V. *suprà*, p. 28.

(4) Le *Temps*, des 22 et 23 septembre 1905. — V. aussi Louis Rouvray, *La France et le Vénézuéla*, p. 13.

(5) Un chef de ressentiment provient de ce que le Président Castro a considéré que M. Taigny aurait empêché la conclusion du contrat avec les banques en renseignant

dance diplomatique qui, seule, énonçait d'une façon officielle les vues du gouvernement de Caracas, cette volonté n'apparaît aucunement en septembre 1905 et ne se manifeste nettement que par le refus d'invitation à la fin de décembre. En effet, la contre-protestation vénézuélienne du 18 septembre ne contient l'énoncé d'aucun grief personnel contre M. Taigny : on se plaint uniquement d'un acte qui rentre dans l'exercice de sa fonction, qui est non pas son acte personnel mais l'acte de l'État dont il est l'agent. Allègue-t-on qu'il aurait accompagné cet acte de mauvais procédés personnels ? En aucune façon, puisqu'au début le général Ybarra dit que sa Note est courtoise, et ce n'était que conforme à la réalité. Sa Note du 18 septembre, dans le sens le plus naturel qu'on puisse lui donner, signifie que le Vénézuéla entend obtenir des explications satisfaisantes avant de négocier à nouveau avec la France : elle n'exprime pas le désir de rompre personnellement avec M. Taigny.

Aussi bien, si le Vénézuéla avait voulu effectuer ainsi cette rupture personnelle avec M. Taigny et non avec la France, cela eût-il été licite ? Cette question est un cas particulier de celle de savoir si et dans quelle mesure l'État qui a reçu un agent diplomatique est en droit de mettre fin lui-même à la mission de celui-ci. Il s'agit de mettre fin à la mission de l'agent sans rompre avec l'État représenté, de séparer celui-ci de son représentant. L'État qui a reçu l'agent possède-t-il un tel droit ? On comprend l'hésitation à le lui reconnaître. L'agent diplomatique n'est pas le fonctionnaire commun de deux États : il est un des organes de l'État qui l'a nommé. Celui-ci, sans doute, avant la nomination, a procédé à la formalité de l'agréation : mais celle-ci, acte de pure courtoisie (1), n'a pas restreint la compétence de nomination de l'État représenté, elle n'a servi qu'à faire un bon usage de cette compétence. C'est cet État qui a compétence pour révoquer son agent. Cette double compétence de cet

son gouvernement sur les dangers de cette affaire pour l'épargne française. René Pinon, *loc. cit.*, p. 440. — D'après un article du *Constitucional* du 2 novembre 1905 et une lettre publiée par le *New-York Herald* de Paris du 23 octobre 1905, tous deux rapportés dans *Le Vénézuéla et la Compagnie française*, p. LI et CXV et suiv., M. Taigny aurait mis obstacle à la conclusion de l'accord de septembre entre la Compagnie et le Vénézuéla : il aurait formulé sa protestation du 16 malgré l'ordre reçu le 15 par le représentant de la Compagnie de conclure un accord comportant acceptation du décret du 4 septembre : *op. cit.*, p. CIV (V. aussi le début de la contre-protestation vénézuélienne) ; il aurait aussi nié que la Compagnie eût le 30 septembre autorisé M. Madueno à annoncer qu'elle donnait pouvoir à son agent au Vénézuéla de conclure un arrangement provisoire. — Enfin, on a dit parfois que M. Taigny avait manqué de tact dans ses rapports avec le gouvernement vénézuélien et que par là aurait été envenimé l'affairee.

(1) Pradier-Fodéré, *Traité de droit international public européen et américain*, Paris, 1887, n° 1305, t. III, p. 416, dit que l'usage de l'agréation « repose sur de simples motifs de courtoisie ». Ce caractère est confirmé par ce fait que certains États s'abstiennent de cette pratique. V. Rivier, *Principes du droit des gens*, Paris, 1896, t. I, p. 455.

Etat n'est, en somme, qu'une application de la compétence reconnue à tout État pour s'organiser lui-même. Pour que l'État qui a reçu l'agent soit autorisé à porter atteinte à cette compétence exclusive, pour qu'il soit en droit de séparer l'État représenté de son représentant, il faudra de graves motifs.

Il pourra ainsi faire, si cela est nécessaire à sa défense. Les auteurs, s'appuyant sur les précédents et sur la raison, enseignent qu'un État a ainsi le droit de rompre avec l'ambassadeur qui conspirerait contre le gouvernement établi et même, en cas d'urgence, de l'expulser (1). Mais tel n'est point notre cas : M. Taigny n'a pas été accusé de complot contre le Président Castro.

Si l'agent diplomatique, sans devenir un danger pour l'État qui l'a reçu, a commis une faute grave qui constitue une faute personnelle et, par suite, engage la responsabilité de l'agent lui-même et non celle de l'État représenté, alors l'État auprès duquel il est accrédité peut demander son rappel. En attendant, il va cesser de négocier avec cet agent. S'il prenait l'initiative de mettre lui-même fin à la mission de l'agent par une expulsion, ce serait de sa part rompre avec l'État représenté lui-même : c'est ainsi que l'a entendu la France lorsqu'en 1895 le gouvernement de Caracas remit leurs passeports au Marquis de Monclar, ministre de France et à M. Ledeganck, chargé d'affaires de Belgique, pour des raisons à eux personnelles et tout en protestant de ses bons sentiments pour la France et la Belgique (2).

En 1905, le Vénézuéla abandonne sa procédure expéditive de 1895, et, de ce chef, échappe à certaines critiques. Mais il n'est pas fondé à demander le rappel de M. Taigny sous prétexte que celui-ci aurait commis quelque faute grave. M. Taigny a accompli un acte de sa fonction, non à titre personnel, mais comme organe de l'État français : si quelqu'un doit être responsable de cet acte envers le Vénézuéla, ce n'est pas M. Taigny, mais l'État français. Il a accompli cet acte dans des formes courtoises ainsi que le reconnaît la Note Ybarra (3).

<hr>

(1) Rivier, *op. cit.*, t. I, § 40, 117, II, p. 516 ; Pradier-Fodéré, *op. cit.*, t. III, § 1534, p. 460 ; Despagnet, *Cours de droit international public*, 3ᵉ édit., Paris, 1905, nᵒ 235, p. 255.

(2) V. la *Revue gén. de droit intern. public*, t. II (1895), p. 349-350.

(3) Voici par comparaison quelques cas dans lesquels il y eut rupture pour fautes commises par l'agent diplomatique. Dans l'affaire de 1895, citée au texte, on reprochait aux deux ministres d'avoir employé des termes désobligeants pour le Vénézuéla : il est vrai que c'était dans un acte destiné uniquement à renseigner leurs gouvernements. — Sous le règne de Gustave III, Roi de Suède, le Comte Rasoumowski, ministre de Russie, adressa une Note « aux ministres du Roi et à tous ceux de la nation qui participent au gouvernement » ; le Roi, jugeant cette expression offensante, lui fit remettre ses passeports. En 1888, M. Sackville, ministre de Grande-Bretagne à Washington, est renvoyé pour

Contre **M.** Taigny on ne pouvait alléguer qu'un grief : il n'était pas *persona grata*. Or un État est-il en droit d'exiger qu'un autre rappelle son agent diplomatique parce qu'il a cessé d'être *persona grata* ? La question n'est pas examinée dans ces termes par les auteurs : ceux-ci se bornent à dire que le droit pour un État d'exiger le rappel d'un ministre doit être « renfermé dans de justes limites », qu'il faut « des motifs graves pour justifier ces mesures extrêmes » (1). Ces termes semblent bien impliquer que les auteurs ne se posent pas notre question parce que sa solution va de soi : le droit d'exiger le rappel d'un ministre est par eux subordonné à l'existence de griefs graves, il en résulte que le simple sentiment éprouvé vis-à-vis d'une *persona ingrata*, non appuyé par un de ces griefs, ne peut donner naissance à ce droit.

Cette solution peut aussi faire l'objet d'une démonstration directe. Pour cela, ayons recours aux principes connus de la matière la plus voisine ; voyons ce qu'il en est touchant le refus par un État de recevoir l'agent diplomatique qui lui est envoyé. Observons d'ailleurs, préalablement, que, dans le cas à résoudre, l'agent diplomatique est déjà en fonction et qu'il est beaucoup plus grave de rompre avec lui qu'il ne l'aurait été de ne pas le recevoir (2).

Or, si nous envisageons le refus de recevoir un agent diplomatique, nous constatons que ce refus est déjà une chose si grave qu'on a voulu le prévenir par la pratique de l'agréation : une enquête officieuse, pendant laquelle les objections pourront se produire et recevoir satisfaction beaucoup plus facilement que si elles servaient à demander le retrait d'une nomination, est faite. De même, dirons-nous, et, à plus forte raison, l'État qui désire l'éloignement d'un agent diplomatique doit agir officieusement, demander ce rappel dans des termes amicaux ; mais il convient, s'agissant seulement d'une *persona ingrata*, que cette demande ne prenne pas une forme impérative, ne soit pas formulée comme une condition *sine qua non* mise à la poursuite de négociations engagées. Dans la forme, la demande de rappel doit être faite avec une discrétion (3) que n'avait pas la Note Ybarra si on devait l'interpréter comme contenant une telle demande.

---

avoir, dans une lettre privée, indiqué ses préférences entre les candidats à la Présidence.

(1) Pradier-Fodéré, *Traité de droit international public*, t. III, § 1534. p. 461 ; Calvo, *Le droit international théorique et pratique*, 5ᵉ édit., Paris, 1896, t. III, § 1365, p. 213. — Comp. Rivier, *Principes du droit des gens*, t. I, § 40, 117, II, p. 516.

(2) Wicquefort, *L'ambassadeur et ses fonctions*, liv. I, chap. XIII, Cologne. 1715, p. 194 relève cette différence.

(3) Enoncer une demande d'une façon discrète et l'énoncer dans une forme énigmatique ne sont pas, en effet, la même chose.

Quant au fond, le refus d'agréer ou de recevoir un agent diplomatique présenté ou nommé par un État étranger est-il abandonné à la volonté arbitraire du gouvernement de qui émane ce refus ? Les auteurs paraissent généralement l'admettre (1). En cela ils traduisent ce double fait que, d'une part, de simples antipathies, de simples susceptibilités peuvent conduire un État à écarter telle ou telle candidature, que, d'autre part, dans une vue de bonne entente, l'État qui va faire la nomination acceptera sans critique les objections qu'on lui adresse. Mais, si l'on examine les choses de plus près, on constate que l'Angleterre exige que le refus d'agréer ses candidats soit accompagné de motifs sérieux (2), que l'Italie a esquissé une démonstration navale en 1894 pour amener la Turquie à recevoir l'ambassadeur qu'elle avait envoyé à Constantinople (3). Ces faits montrent que, si généralement le refus de recevoir un diplomate a été admis sans critique, cela tient moins à la reconnaissance d'un droit sans limites chez l'État qui l'a formulé qu'à une pratique de courtoisie.

Cela étant posé, à plus forte raison doit-on dire que l'État qui a reçu un agent diplomatique n'est pas en droit d'exiger son départ parce qu'il a cessé de lui plaire, de l'exiger sans retard, avant le règlement de toute autre affaire (4). Quand cet État ne relève pas d'autres griefs, — et tel était le cas dans notre affaire, — il doit se borner à demander le rappel de l'agent comme une mesure propre à favoriser le maintien de bonnes relations entre les deux États, non comme l'exercice de son droit. Il peut aussi, s'il le juge opportun, demander que le lieu où se poursuivront les négociations pendantes soit changé : le Vénézuéla pouvait proposer le transfert de Caracas à Paris des pourparlers relatifs à l'affaire des câbles s'il jugeait M. Taigny peu apte à les conduire à bien. Or le Vénézuéla n'agissait pas ainsi ; il ne suivait pas la procédure normale : on ne pouvait pas, à défaut d'une attitude bien nette, lui attribuer le dessein de suivre une voie incorrecte.

Jusqu'à décembre 1905 on ne pouvait raisonnablement songer à attribuer au Vénézuéla l'intention de rompre personnellement avec M. Tai-

---

(1) Rivier, *Principes du droit des gens*, t. I, § 35, 97, II, p. 455 ; Calvo, *Le droit international théorique et pratique*, t. III, § 1324, p. 180 ; Pradier-Fodéré, *Traité de droit international public*, t. III, § 1304 et 1305, p. 144 et suiv. ; Despagnet, *Cours de droit international public*, § 226, p. 245.

(2) Pradier-Fodéré, *Traité de droit international public*, t. III, § 1305, p. 148.

(3) V. la *Revue gén. de droit intern. public*, t. I (1894), p. 495 et suiv.

4) En ce sens : V. Westlake, *International Law*, Cambridge, 1904, t. I, p. 275. — Dans l'affaire de M. Catacazy, ministre russe à Washington, le secrétaire d'Etat américain a cependant soutenu que la simple déclaration qu'un ministre s'était rendu inacceptable devait suffire à motiver son rappel. V. Geffcken, sous Heffter, *Le droit international de l'Europe*, 4ᵉ édit. franç., § 200, note 9, p. 478.

gny : cela n'apparaissait pas dans la Note du 18 septembre, et ç'eût été
une prétention mal fondée en droit. D'autre part, dans la correspondance
diplomatique échangée en vue de mettre fin au conflit, on cherche à rétablir les bons rapports entre la France et le Vénézuéla sans que la personnalité de **M.** Taigny soit aucunement mise en avant : le Vénézuéla
énonce ses griefs contre la France mais non contre l'agent français.

Ce qui confirme avec une vigueur singulière cette interprétation, c'est
le télégramme du Président Castro du 22 octobre 1905 (1). Ce télégramme
est relatif à des négociations entreprises par un officieux qui fut désa-
voué. Le Président accepte en principe les suggestions qui lui sont ainsi
présentées ; or il ne s'agit aucunement dans celles-ci du remplacement
de **M.** Taigny et le Président songe si peu à rompre avec lui qu'il déter-
mine en quelle forme celui-ci devra manifester sa bonne volonté de ré-
conciliation.

Il n'y a pas dans la correspondance diplomatique trace d'une pensée
d'exclusion vis-à-vis de **M.** Taigny avant la Note vénézuélienne du 13 décembre. Celle-ci contient le retrait de la contre-protestation du 18 septembre, puis ajoute : « Etant donné que dès à présent nos bonnes relations sont rétablies sur le pied de la meilleure harmonie, **M.** le Président espère que V. E. obtiendra en même temps que le gouvernement
français envoie à celui du Vénézuéla un représentant dont les relations
lui soient plus agréables, afin que le développement de toutes les négociations puisse s'effectuer dans les meilleures conditions pour les deux
parties ». Le gouvernement français interpréta cette phrase en ce sens
que les relations étaient immédiatement reprises et qu'on lui demandait
de changer prochainement son représentant : il prit un engagement sur
ce dernier point (2). Cette interprétation, toute naturelle, fut adoptée
aussi par le gouvernement américain (3). Elle paraissait bien résulter des
termes employés et elle était dictée par le cours antérieur des négociations. Quand le Vénézuéla avait précédemment énoncé les conditions
par lui mises au retrait de sa protestation, jamais il n'avait fait allusion
au rappel préalable de M. Taigny. Si, maintenant, il entendait élever cette
prétention nouvelle, il lui fallait la formuler expressément : or, il n'apparaissait ni à la France, ni aux États-Unis qu'il l'eût fait.

Cependant, en s'appuyant sur le texte espagnol de sa Note du 13 décembre, le Vénézuéla a prétendu y trouver cet énoncé formel. Dans cette

(1) *Le Vénézuéla, la France, etc.*, p. XXIX.
(2) **Note** de M. Russell du 29 décembre. V. *Le Vénézuéla, la France, etc.*, p. XXXVIII.
(3) **Memorandum** de M. Russell du 30 décembre. V. *Le Vénézuéla, la France, etc.*,
p. XXXVII.

Note les mots espagnols : « espera el Señor Presidente » (1), que nous avons traduits : « M. le Président espère », signifieraient en réalité : « M. le Président attend ». Il y aurait là une nuance : « Le Président attend le rappel de M. Taigny », cela signifierait que ce rappel doit être immédiat, est une condition mise à la reprise des relations régulières ; « le Président espère le rappel de M. Taigny », cela serait l'expression d'un vœu à réalisation non plus immédiate, non plus préalable à toute autre chose, mais seulement prochaine. Nous sommes là au milieu de subtilités fuyantes. Sans insister sur cette idée que l'interprétation d'un acte diplomatique ne doit pas être uniquement une question de grammaire (2), nous observerons tout d'abord que ni la France ni les États-Unis n'ont entendu, au moment de son émission, la Note du 13 décembre dans le sens que lui prétend donner le Vénézuéla. Au quai d'Orsay, on en a connu une traduction, communiquée par M. Russell et portant le mot « espère ». Cette traduction n'avait-elle pas un caractère officiel, n'émanait-elle pas du Vénézuéla lui-même ? Nous ne sommes pas renseigné sur ce point : nous remarquons cependant que le texte français de la Note est, dans le recueil de documents publiés par le ministère vénézuélien des relations extérieures, inséré avec la mention : copie, alors que d'autres pièces, et notamment la même Note en anglais (3), sont indiquées comme étant des traductions.

D'autre part, si le gouvernement de Caracas voulait vraiment, le 13 décembre, exiger le rappel immédiat de M. Taigny, comme c'était une prétention entièrement nouvelle, il devait la formuler plus nettement qu'il ne le faisait.

Le gouvernement de Caracas a, en réalité, soulevé sur ce point une nouvelle chicane, qui n'aurait pas trouvé place dans des négociations menées de bonne foi. Il l'a soulevée sans franchise, puisqu'il a employé des termes dont la France ne pouvait pénétrer le sens. Il l'a soulevée sans prétextes sérieux, puisqu'il n'a exprimé aucune critique contre la conduite personnelle de M. Taigny. Il l'a soulevée sans droit, puisqu'il ne lui appartenait pas, comme nous l'avons dit, de mettre fin à la mission de l'agent diplomatique de la France. Que, maintenant, cette chicane ait été voulue dans la rédaction, en termes ambigus, de la Note du 13 décembre, ou qu'elle soit née seulement le 30 décembre, ce point ne mérite pas que l'on s'y arrête.

---

(1) V. ce texte espagnol dans *Le Vénézuéla, la France, etc.*, 1re partie, p. 34.

(2) Comp. note sous sentence arbitrale, 22 avril 1832, Etats-Unis et Grande-Bretagne, dans de Lapradelle et Politis, *Recueil des arbitrages internationaux*, t. I, p. 336.

(3) *Op. cit.*, 3e partie, p. xxxvi.

V

En presence du manquement dont notre agent avait été l'objet en n'étant pas invité à la réception du 1er janvier, et voyant que sa modération reste sans résultat, le gouvernement français se décide à rappeler M. Taigny. M. Russell en avise le général Ybarra par une Note du 10 janvier : il lui annonce en même temps qu'il est chargé provisoirement des intérêts français au Vénézuéla (1). La rupture n'est d'ailleurs pas encore complète, puisque M. Maubourguet, chargé d'affaires du Vénézuéla, reste toujours à Paris.

Le lendemain, 11 janvier, les autorités vénézuéliennes font fermer le dernier bureau de la Compagnie des câbles jusque-là respecté, son bureau de la Guayra ; cette fermeture est effectuée en vertu d'une procédure commencée le 6 décembre et pour ce motif que cette station n'a pas payé l'impôt municipal qui lui incombe (2).

Par suite, M. Taigny est sans instructions télégraphiques depuis que son rappel a été signifié au Cabinet de Caracas. Arrive alors dans le port de la Guayra le vapeur français *Martinique*. M. Taigny se rend à bord pour y prendre son courrier. Il s'y rend sans être muni d'un permis délivré par la police conformément aux lois locales. On en profite pour l'empêcher de débarquer et il est contraint de partir avec la *Martinique* sans, au surplus, être autorisé à recevoir l'agent consulaire de France à la Guayra ni notre vice-consul à Caracas : seul, le consul des États-Unis est admis à s'entretenir pendant quelques minutes avec lui. Il part, sans être muni de son chiffre, dans l'impossibilité par suite de lire ses dépêches (3).

Au point de vue du droit cet incident mérite qu'on s'y arrête. Il est évident que ce refus de débarquer aurait été illicite à l'encontre d'un agent diplomatique en fonctions. L'agent diplomatique doit sans doute respecter les dispositions de police ; mais l'État local, qui ne peut le punir pour ses contraventions (4), ne peut, *à fortiori*, l'expulser pour ce

(1) *Le Vénézuéla, la France, etc.*, p. xl.

(2) *Le Vénézuéla, la France, etc.*, p. lxv et suiv.

(3) Cet incident a fait l'objet de versions diverses entre lesquelles il n'est très pas utile à notre point de vue de prendre parti. Les renseignements, notamment, ne sont pas très concordants sur le point de savoir si le permis était exigé des agents diplomatiques, si M. Taigny l'a demandé. On a aussi plus ou moins dramatisé le récit de l'incident. On a dit, d'autre part, que M. Taigny serait tombé là dans un véritable guet-apens organisé contre lui ; M. Ybarra aurait dit de lui qu'il « s'était laissé prendre comme un rat dans une souricière ». V. le *Temps* des 19 janvier et 9 février 1906 ; René Pinon, *loc. cit.*, p. 441-442 ; Louis Rouvray, *op. cit.*, p. 15.

(4) Calvo, *Le droit international théorique et pratique*, t. III, § 1526, p. 323 ; Heffter,

fait, selon la méthode cavalière du Vénézuéla : l'empêcher de débarquer, dans le cas particulier, c'était l'expulser. Au reste ce point n'a pas été discuté.

Ce point étant admis, deux questions se posaient. La première était de savoir si M. Taigny jouissait toujours des immunités diplomatiques.

Les relations diplomatiques avaient été rompues : le rappel de M. Taigny avait été, dès le 10, porté, nous l'avons vu, à la connaissance du général Ybarra par le ministre américain. Ce fait avait-il eu pour effet de faire perdre immédiatement à M. Taigny son caractère diplomatique et les immunités qui y sont attachées, de le transformer en simple particulier ? Les ministres accrédités auprès du Cabinet de Caracas ne le pensèrent pas et, par l'organe de M. de Oliveira Lima, ministre du Brésil et doyen du corps diplomatique (1), ils protestèrent contre la mesure dont M. Taigny avait été victime. Ils firent valoir que contraindre M. Taigny à rester à bord du paquebot *Martinique*, à partir ainsi sans délai, sans avoir reçu ses passeports, sans pouvoir choisir sa destination, était contraire à ses immunités diplomatiques. Ils se refusaient à admettre que la déclaration de rupture lui eût fait perdre *ipso facto* son caractère diplomatique.

Le général Ybarra répondit en affirmant la thèse inverse. D'après lui, M. Taigny n'avait plus droit aux immunités diplomatiques après la déclaration de rupture : il n'était plus dès lors qu'un simple citoyen français, et l'incident en question était une affaire de police qui ne pouvait être retenue par le corps diplomatique.

Les deux thèses restèrent ainsi en présence sans solution (2). Entre elles, l'hésitation ne saurait être sérieuse. Tous les auteurs enseignent, en effet, qu'en cas de rupture l'agent diplomatique continue à bénéficier de son inviolabilité jusqu'au moment où il repasse la frontière. Ils donnent cette solution, en particulier pour le cas de guerre, ce qui est précisément l'hypothèse dans laquelle la sûreté de l'agent diplomatique paraît le plus menacée. Ils disent que telle est la coutume et que la Turquie a depuis longtemps renoncé à une pratique inverse que rien ne justifiait. Ils reconnaissent d'ailleurs que l'agent diplomatique ne pourrait pas prolonger indéfiniment son séjour, en conservant son caractère officiel et ses immunités et que, passé un délai raisonnable, il peut être considéré comme redevenu personne privée (3).

Le droit international de l'Europe, 4e édit. franç., § 215 ; Rivier, *Principes du droit des gens*, t. I, p. 499.

(1) V. les Notes échangées du 18 au 21 janvier entre lui et le général Ybarra, dans *Le Vénézuéla, la France, etc.*, p. LXXI et suiv.

(2) Il semble que la discussion se soit prolongée (Le *Temps* du 14 avril 1906). Mais nous ignorons à quel point elle en est.

(3) Heffter, *Le droit international de l'Europe*, 4e édit. franç., § 224, p. 318-319, est, à cet

Mais M. Taigny a été violemment expulsé avant d'avoir eu le temps d'effectuer librement son départ. Pour qu'il fût redevenu personne privée, il aurait fallu qu'il entendît demeurer au Vénézuéla après la rupture : or, telle n'était pas son intention ; pour partir, il lui fallait des instructions de son gouvernement qu'il ne pouvait recevoir par télégramme, le bureau du câble étant fermé et que, précisément, il allait chercher à bord de la *Martinique*.

En droit, donc, M. Taigny restait investi des immunités diplomatiques même après la déclaration de rupture ; il n'était pas personne privée. Mais alors une nouvelle question pouvait surgir qui, d'ailleurs, n'a aucunement été discutée : jusqu'à quel point allaient ces immunités ? L'acte d'expulsion indirecte, illicite à l'égard d'un agent diplomatique en fonctions, l'est-il aussi après rupture ? L'agent diplomatique, dans ce dernier cas, ne jouit-il pas d'immunités amoindries ?

Les auteurs enseignent unanimement qu'après rupture on ne peut retenir l'agent diplomatique. Mais, ici, on n'a rien fait de tel : loin de retenir l'agent diplomatique, on l'a chassé : n'est-il pas mal venu à s'en plaindre ?

Pour trancher cette question, il faut observer tout d'abord que, si les auteurs s'abstiennent de la traiter, c'est parce qu'une semblable expulsion est très exceptionnelle, qu'une telle hypothèse ne vient pas facilement à l'esprit. Normalement, en cas de rupture, l'agent diplomatique s'empressera de partir et le gouvernement qui l'a reçu aura, s'il est mal inspiré, bien plutôt la tentation de le retenir que celle de l'expulser. Le silence des auteurs sur notre cas ne saurait être interprété comme impliquant refus d'y appliquer les immunités : ils ne l'ont pas envisagé, et voilà tout. Au reste, ceux qui emploient des formules générales énoncent dans les termes les plus larges le principe du maintien des immunités jusqu'au départ effectué (1).

La condition de l'agent diplomatique à notre point de vue peut être rapprochée de celle des sujets d'un État belligérant se trouvant sur le territoire de l'autre à l'ouverture de la guerre. Ceux-ci ont tout d'abord été protégés contre le danger d'être retenus comme prisonniers de guerre : on a fini par admettre pour eux la faculté de se retirer librement,

---

égard, le plus précis. V. aussi Vattel, *Droit des gens*, liv. II, ch. IV, § 125 ; Calvo, *Le droit international théorique et pratique*, t. III, § 1363, p. 212 ; Pradier-Fodéré, *Traité de droit international public européen et américain*, t. III, § 1389 et 1536, p. 273 et 464 ; Rivier, *Principes du droit des gens*, t. I, § 38, n° 104. II. p. 479 ; Despagnet, *Cours de droit international public*, § 231, p. 252. — V. l'article 5 du Règlement sur les immunités diplomatiques adopté par l'Institut de droit international dans sa session de Cambridge de 1895.

(1) Par exemple Calvo, *op. cit.*, t. III, § 1363, p, 212.

et un délai cnovenable à cet effet leur a parfois été attribué par traité.
Ce premier danger écarté, on a voulu diminuer pour eux un second
résultant du droit d'expulsion toujours reconnu en principe à l'État (1) :
on a stipulé un délai pour leur départ, on a même parfois renoncé par
traité aux expulsions collectives. De même, les auteurs ont songé tout
d'abord à protéger l'agent diplomatique contre le danger plus grave
d'être retenu comme prisonnier ; mais il faut le protéger aussi contre le
danger moindre d'une expulsion hâtive.

Cette expulsion hâtive nuit au bon accomplissement par l'agent de sa
mission. Sans doute, après rupture, celui-ci doit partir : mais il lui faut
mettre en ordre ses documents, prendre ses dispositions de départ,
choisir son itinéraire. Il n'y a pas seulement là une question de courtoisie. L'agent doit pouvoir prendre avec lui toutes les pièces qu'il juge
utiles pour éclairer son gouvernement ; il doit pouvoir laisser l'hôtel de
la légation dans un ordre convenable pour éviter les indiscrétions et les
fuites de documents. Pour cela il lui faut un délai avant son départ : le
luirefuser par une expulsion brusque, c'est méconnaître une immunité qui lui est nécessaire. Le manquement est sans doute moins grave
que celui consistant à le retenir : il n'en est pas moins réel. Il existait
dans notre espèce.

Remarquons que cela n'a pas été discuté dans la controverse entre le
général Ybarra et le doyen du corps diplomatique. Le premier s'est borné
à affirmer que M. Taigny était redevenu personne privée : il n'a pas
prétendu que, fût-il demeuré diplomate, ses immunités ne l'auraient pas
mis à l'abri d'une expulsion. Ce silence sur ce point peut être à peu près
tenu pour un acquiescement, surtout si l'on tient compte de la redon-
dance ordinaire de l'argumentation vénézuélienne. A ce titre, la protestation du corps diplomatique peut être relevée comme un précédent solide touchant l'étendue des immunités du ministre rappelé.

Le gouvernement français répondit à ce nouveau manquement en
adressant à M. Maubourguet une Note lui annonçant qu'il considérait
comme terminée sa mission de chargé d'affaires du Vénézuéla à Paris.
Il lui signifiait d'avoir à quitter le territoire français le jour même en lui
laissant le soin de choisir son itinéraire : il lui promettait l'envoi de ses
passeports (2). M. Maubourguet partit le soir même à destination de

____

(1) Vattel, *Droit des gens*, l. III, ch. III, § 63, qui admet qu'on ne peut pas les retenir, reconnaît implicitement que, de son temps, leur expulsion était d'un usage courant,
(2) Cette Note, du 18 janvier 1906, après avoir rappelé les faits antérieurs, ajoute :
« Avec une longanimité qu'il a puisée dans le sentiment de sa force, le gouvernement
de la République a attendu jusqu'à ce jour que satisfaction fût donnée à sa légitime
réclamation. En se prolongeant et en affectant progressivement un caractère plus
agressif, l'attitude du gouvernement du Président Castro est devenue incompatible

Liège : il fut accompagné jusqu'à la frontière par M. Hennion, commissaire principal de la sûreté générale (1) ? Son départ était un peu précipité, sans doute, le délai ordinaire en pareil cas étant de quatre jours ; mais cette précipitation, qui ne méconnaissait aucun droit, était plus que justifiée par les procédés du Vénézuéla.

Le gouvernement de Caracas prend alors de nouvelles mesures qui accentuent la rupture. Il expulse les chefs des bureaux du câble à Caracas, la Guayra, Vela de Coro, Carupano et Puerto-Cabello (2). Il rappelle ses consuls en France et retire l'exequatur aux consuls français au Vénézuéla (3).

Ce dernier acte était particulièrement grave. Jusqu'ici, en effet, nous étions en présence de la violation, réelle ou prétendue, de droits privés, puis d'une rupture diplomatique. Cette dernière n'est pas, par elle-même, une mesure de représailles, les représailles consistant essentiellement dans un acte illicite d'après les principes du droit de la paix et accompli intentionnellement. Les représailles commencent, au contraire, avec le retrait de l'exequatur aux consuls français. Ce retrait est, en effet, un acte contraire au droit de la paix. La convention de commerce et de navigation du 19 février 1902 entre la France et le Vénézuéla (4) établit « réciproquement le traitement de la nation la plus favorisée en ce qui touche l'établissement des nationaux ainsi qu'en matière de commerce et de navigation, tant pour l'importation, l'exportation et le transit, et, en général, tout ce qui concerne les droits de douane et les opérations commerciales, que pour l'exercice du commerce ou des industries... ». L'établissement consulaire a un rapport étroit avec le régime commercial (5) : deux États ne seront pas sur le pied d'égalité

avec le maintien des relations diplomatiques entre les deux États. A la suite des nouveaux incidents qui ont témoigné une fois de plus l'attitude et les procédés discourtois et violents du gouvernement du Président Castro, M. Taigny a quitté le Vénézuéla. Dans cette situation, le gouvernement de la République considère comme terminée votre mission en qualité de chargé d'affaires du Vénézuéla à Paris. Je vous prie, en conséquence, de m'indiquer le point de la frontière par lequel vous quitterez aujourd'hui même le territoire français. Je vous fais tenir vos passeports et prendrai les mesures que comporte votre départ de France. — En ce qui concerne les dommages résultant pour les intérêts français des mesures abusives émanant du gouvernement de Caracas, les réparations que ces mesures comportent seront ultérieurement réclamées par le gouvernement de la République » (*Le Vénézuéla, la France, etc.*, p. LXXV).

(1) Le *Temps* du 20 janvier 1906.

(2) Le *Temps* du 22 mars 1906.

(3) Le *Temps* du 27 janvier 1906.

(4) Descamps et Renault, *Recueil international des traités du XX* siècle, 1902, p. 508.

(5) Ce rapport était bien établi dans le traité d'amitié, de commerce et de navigation du 25 mars 1843 entre la France et le Vénézuéla. Ce traité, après avoir stipulé le traitement de la nation la plus favorisée pour l'établissement (art. 2), pour le commerce

si l'un a des consuls et si l'autre n'en a pas. La France, en vertu de la convention du 19 février 1902, a donc le droit de voir ses consuls au Vénézuéla traités sur le même pied que ceux de la nation la plus favorisée. Or il n'en est plus ainsi puisqu'on leur retire en bloc l'exequatur. Par là, le Président Castro viole la convention de 1902, il commet un acte de représailles. En conséquence, la France se trouve dégagée de l'obligation résultant de cette convention et en droit d'imposer son tarif général de douanes aux produits vénézuéliens.

VI

En même temps qu'il prend ces mesures rigoureuses, le gouvernement de Caracas cherche à justifier sa conduite. Lui qui avait refusé la discussion avant la rupture, il veut la reprendre quand cette dernière est accomplie. Le 7 février, il transmet à M. Maubourguet la lettre que celui-ci doit écrire à M. Rouvier, ministre français des affaires étrangères (1). D'autre part, le *Constitucional*, journal officieux du Président, publie une série d'articles et des documents destinés à soutenir la politique du général Castro. Ces textes sont ensuite reproduits en espagnol, en français et en anglais et réunis en un volume par ordre du ministère des relations extérieures (2).

Le *Constitucional* s'exprime avec violence. La protestation de M. Taigny est qualifiée d'irréfléchie, de discourtoise ; elle est « la protestation la plus intempestive et la plus incorrecte que l'on ait jamais vue dans les annales de la diplomatie » (3). La personnalité de M. Taigny était « indéfendable », et c'est un grand tort du gouvernement français de l'avoir voulu défendre (4). A plusieurs reprises, ce gouvernement est accusé de déloyauté et d'arrogance (5). Le ministère vénézuélien des relations extérieures publiait tout cela et ainsi assumait la responsabilité de cette littérature.

(art. 8), l'admettait aussi pour les consuls (art. 20). V. de Clercq, *Recueil des traités de la France*, t. V, p. 7.

(1) *Le Vénézuéla, la France, etc.*, p. LXXVI.

(2) Ce volume est intitulé *Venezuela, Francia y el cable frances*. Nous en avons cité la 2ᵉ partie, en français, sous le titre : *Le Vénézuéla, la France et le câble français*. L'imprimerie nationale de Caracas a publié aussi en 1906 un volume intitulé : *Venezuela y la Compania francesa de cables telegraficos*, rédigé en espagnol, français, anglais et allemand. La partie française avait déjà été publiée en 1905 sous le titre : *Le Vénézuéla et la Compagnie française des câbles télégraphiques*, avec une dédicace de M. Sauvage aux sénateurs et députés français.

(3) *Constitucional*, des 12 et 20 janvier 1906.

(4) *Constitucional*, du 16 janvier 1906.

(5) *Constitucional*, des 12, 16 et 20 janvier 1906.

A côté de ces violences de langage, le *Constitucional* déclarait que la responsabilité de la Compagnie — dont au demeurant il tenait l'affaire pour terminée — disparaissait derrière celle du gouvernement français. A celui-ci. outre sa protestation et toutes les suites de celle-ci, il reprochait deux choses se tenant d'ailleurs dans une certaine mesure : sa complicité avec Matos de concert avec la Compagnie des câbles et l'affaire du *Ban Righ*.

La complicité de la Compagnie dans la révolution tentée par Matos avait déjà donné lieu à un procès intenté le 17 juillet 1905 à la Compagnie des câbles, sur lequel il n'a pas été statué : il y avait été fait allusion dans la Note Ybarra du 18 septembre. Le *Constitucional* cherchait à l'établir en publiant des télégrammes transmis par la Compagnie (1) et des renseignements fournis par M. Sauvage, ancien employé de celle-ci (2). La thèse présentée était, en résumé, la suivante. La Compagnie des câbles a favorisé Matos dont elle désirait le succès, auquel la direction de Paris remettait une lettre d'introduction auprès de ses agents au Vénézuéla en le présentant comme « soutenu par les affaires étrangères » (3). Les agents de la Compagnie, conformément aux ordres du siège social, ont renseigné Matos sur les mouvements des troupes gouvernementales : on cite sur cet objet de nombreux télégrammes qui auraient été transmis par le câble côtier. Ce service de renseignements se faisait avec la complicité, presque sous la direction du consul de France à Caracas, M. Quiévreux. Ces faits engagent directement la responsabilité de la Compagnie qui, institution fonctionnant sur le territoire vénézuélien, a commis une trahison à l'encontre du gouvernement du pays. Ils engagent aussi la responsabilité du gouvernement français, d'abord à raison de la complicité de M. Quiévreux, ensuite parce que ce gouvernement prend la défense de la Compagnie.

Telle est la thèse. Pour se prononcer sur elle, il faudrait faire la critique des documents invoqués : nous ne sommes pas en situation d'y procéder, n'ayant entre les mains que l'argumentation d'une seule partie (4)

---

(1) Ils sont reproduits dans *Le Vénézuéla, la France, etc.*, p. XLVII et suiv.

(2) V. *Le Vénézuéla et la Compagnie française des câbles télégraphiques*, p. LXVIII et suiv.

(3) *Le Vénézuéla et la Compagnie française*, p. LXXI et suiv.

(4) A cet égard nous nous bornerons à reproduire les observations suivantes du *Temps* du 7 février 1906 : « Ce sont les mêmes procédés qui furent employés à l'égard de la Compagnie américaine des asphaltes et de l'ancien ministre des États-Unis à Caracas, M. Loomis, depuis sous-secrétaire d'État. Ce dernier fut accusé de corruption par Castro et ses agents qui s'étaient procuré un chèque souscrit par la Compagnie des asphaltes et encaissé par l'ex-ministre américain. Le Président Roosevelt, malgré les accusations même de M. Bowen, successeur de M. Loomis, ne tint aucun compte de ce papier et des manœuvres diffamatoires qui lui attribuaient une valeur et une portée qu'il n'avait pas. Et c'est M. Bowen qui fut disgracié pour avoir endossé les attaques de Castro et

et de l'autre côté seulement une protestation de M. Jéramec, Président du Conseil d'administration de la Compagnie des câbles (1). Laissant donc de côté la question de fait, nous devons nous borner à quelques observations générales.

La première sera pour dire que cette question de fait reste entière, l'accusation produite par le Vénézuéla n'ayant fait l'objet d'aucun débat régulier.

En supposant prouvés, en tout ou partie, les faits allégués, un premier point à examiner est la responsabilité du gouvernement français dans l'affaire Quiévreux. Ce gouvernement peut-il être tenu pour responsable du fait que M. Quiévreux aurait été le complice de Matos contre le gouvernement légal ?

M. Quiévreux, au moment où il aurait commis les actes relevés contre lui, était préposé à la garde des archives de la légation de France à Caracas, les relations diplomatiques étant alors interrompues. D'après certains renseignements qui nous sont fournis, il n'aurait jamais eu l'exequatur, il n'aurait donc jamais eu aux yeux du Vénézuéla le caractère consulaire : son titre de vice-consul n'aurait de valeur que dans la hiérarchie française. Pour le Vénézuéla, il n'était investi d'aucune immunité personnelle : les seules immunités auxquelles il pût prétendre n'étaient que le reflet en lui de celles attachées aux archives dont il avait la garde. Il devient dès lors singulier de prétendre que, en cette qualité de consul qu'il ne possédait pas, il ait engagé la responsabilité du gouvernement français.

Mais supposons que M. Quiévreux ait reçu l'exequatur : même dans cette hypothèse, sa complicité avec Matos ne saurait être imputée au gouvernement français. Le consul, à la différence de l'agent diplomatique, a une compétence administrative ; il n'a aucune compétence gouverne-

de ses agents contre un diplomate américain. Ce précédent n'est pas à négliger pour apprécier le dossier dont Castro et son organe *El Constitucional* se servent en ce moment contre la France, et dont ils se préparent encore à accabler M. Taigny à son arrivée aux États-Unis ».

(1) *Lettre insérée dans le* Temps *du 12 août 1905* : « Jamais la Compagnie n'a soudoyé ni soutenu l'entreprise révolutionnaire de M. Matos contre le général Castro ; sa comptabilité est contrôlée par nos ministres du commerce et des finances ; pas une dépense ne saurait échapper à leurs vigilantes investigations qui n'auraient pas manqué de relever des subsides inadmissibles. Le fait est absolument faux. Si, par hypothèse et pour mettre les choses au pis, quelque agent de la Compagnie avait commis la faute de prêter à l'entreprise de M. Matos un concours personnel, à l'insu de la Compagnie, quel serait le droit du gouvernement vénézuélien ? Le même qui lui appartiendrait à l'encontre du gouvernement français si, à l'insu de ses chefs, un agent de notre ministère des affaires étrangères avait commis la même faute : le droit de demander la punition du coupable et la réparation du préjudice qu'il aurait personnellement causé. **Rien de plus** ».

mentale et politique. S'il entre dans la sphère politique, il sort des bornes de sa compétence, il n'agit plus en tant que consul mais en tant que personne privée ; on n'est plus en présence d'un organe de l'État, mais de l'individu, support de cet organe : s'agissant des actes que nous étudions, ils ont été commis non par le consul de France mais par M. Quiévreux. En conséquence,ce dernier seul en doit assumer la responsabilité.

Ce qui vient confirmer encore la responsabilité exclusive de M. Quiévreux, l'irresponsabilité du gouvernement français, c'est que de telles solutions s'imposeraient même si ces actes avaient été commis par un agent diplomatique, investi comme tel d'une compétence politique et possédant le caractère représentatif. L'État représenté est bien responsable des actes de la fonction de son agent diplomatique : : ces actes sont les actes mêmes de cet État,non les actes personnels de l'agent : la protestation de M. Taigny, par exemple, était un acte de l'État français. Mais le complot contre le gouvernement auprès duquel il est accrédité fait sortir l'agent diplomatique de sa.compétence, est son acte personnel, n'engage que sa propre responsabilité (1), à moins, bien entendu, qu'il n'ait agi sur des instructions en ce sens de son gouvernement, ce qui ne pourrait être présumé en l'absence de preuves sans poser en principe que l'hostilité est la condition ordinaire des États.

Le Vénézuéla, en résumé, ne pouvait s'en prendre qu'à M. Quiévreux. Il pouvait soit le poursuivre, soit demander au gouvernement français de le poursuivre et ce dernier gouvernement ne pouvait assumer une responsabilité quelconque que s'il mettait obstacle à la poursuite. En fait, celle-ci est devenue impossible. Au mois de mai 1904,M. Quiévreux, apprenant que ses agissements étaient découverts et reconnaissant qu'il avait agi avec la plus grande légèreté (2), se suicidait. Le seul responsable disparaissant, cette affaire Quiévreux doit, en bonne justice, demeurer close.

On ne peut en dire autant de l'affaire relative à la complicité de la Compagnie dans la révolution de Matos. Cette affaire reste pendante. Si la complicité de la Compagnie vient à être établie, il en résultera que sa responsabilité sera engagée : mais la responsabilité de l'État français ne le sera point par ce fait, car la Compagnie n'est pas un organe d'État. Le gouvernement français ne sera même aucunement responsable à raison du fait d'avoir soutenu la Compagnie,quoi qu'en puissent dire le général

(1) Ce qui le prouve bien, c'est le fait qu'on a discuté le point de savoir si l'agent diplomatique pourra être poursuivi devant les tribunaux locaux : la doctrine qui admet la négative se fonde non sur l'irresponsabilité de l'agent, mais sur son immunité de juridiction.

(2) Sauvage, *Pour la justice. La compagnie française des câbles télégraphiques et la révolution vénézuélienne*, 1902-1903,dans *Le Vénézuéla et la Compagnie française*, etc., p. xcv.

Ybarra et le *Constitucional*. En effet, d'une part, le gouvernement français a, dans la Note du 16 septembre, critiqué la fermeture des bureaux de la Compagnie, mesure prise à la suite des décisions intervenues dans le procès technique et complètement indépendante du grief politique qui nous occupe en ce moment : il ne saurait lui être interdit de défendre contre un grief une Compagnie parce que celle-ci est, en même temps, l'objet d'une autre accusation. D'autre part, si le gouvernement français défend la Compagnie contre l'accusation de complicité avec Matos, il n'assumera pas la responsabilité de celle-ci : on ne saurait faire grief à un État de discuter les accusations portées contre ses nationaux.

En supposant établie la complicité de la Compagnie dans la révolution de Matos, il ne faudra pas appliquer trop vite à cette espèce les principes de droit dégagés par la doctrine européenne et qui conduiraient à abandonner la Compagnie aux sanctions les plus sévères des lois vénézuéliennes. Il faudra tenir compte du fait que, dans ce pays où les révolutions sont si fréquentes, la légalité est par cela même incertaine : un gouvernement né d'une révolution, menacé sans cesse par des révolutions, ne saurait, en fait, prétendre au même respect de la part des étrangers qu'un gouvernement stable : nous avons cité l'exemple de la Grande-Bretagne qui justifiait l'asile fourni à Matos dans l'île de la Trinité par l'égalité de traitement dont y avaient joui tous les partis.

Sans doute, Castro est le gouvernement légal et Matos un révolutionnaire. A moins de détruire tout ordre stable, il faut que le premier ait des prérogatives refusées au second. Mais pourquoi le gouvernement légal a-t-il de telles prérogatives, pourquoi a-t-il droit au respect de son existence, de son activité par les autres États ? Parce que cela est nécessaire au bon accomplissement de ses fonctions étatiques. Mais le gouvernement légal vénézuélien travaille-t-il effectivement à ce bon accomplissement ? Assure-t-il le bon ordre, la sécurité, le développement de l'activité de tous dans ce pays qui n'a besoin que de tranquillité pour avoir la prospérité ? La faveur avec laquelle les intérêts étrangers établis au Vénézuéla ont accueilli la tentative de Matos fournit la réponse (1).

Si la culpabilité de la Compagnie est établie, il faudra, dans la détermination de la sanction, tenir compte des intérêts de l'État français. Celui-ci a intérêt au maintien de son réseau de câbles ; à raison des

---

(1) Sans parler de la Compagnie des câbles, on a dit que Matos aurait été soutenu par la *Disconto Gesellschaft*, banque allemande bien connue, et par un Comité établi à Londres.— V. Charles Benoist, dans la *Revue des Deux-Mondes*, du 1ᵉʳ janvier 1903, le *Correspondant*, du 25 décembre 1902, p. 1210 ; D'Azambuja, *Quelques réflexions à propos du conflit vénézuélien*, dans la *Science sociale*, mars 1903, p. 192.— Matos aurait aussi été subventionné par la *New York and Bermudez Asphalt Company*.

subventions qu'il verse à la Compagnie des câbles, il a un intérêt pécuniaire à ce que celle-ci ne soit dépossédée d'aucune de ses lignes. La Compagnie, nous l'avons vu, s'est engagée à ne prendre sans l'assentiment du gouvernement français aucune mesure qui rendrait possible l'aliénation d'une partie de son réseau. Il semble que cette disposition doive mettre obstacle à une dépossession de la Compagnie qui serait la sanction d'actes commis par elle seule.

Du côté français, nous trouvons donc de très légitimes obstacles à l'idée d'une déchéance de la Compagnie fondée sur sa complicité avec Matos. Il convient toutefois de remarquer, à l'inverse, que, sans même faire intervenir l'idée d'une sanction encourue par la Compagnie pour complicité révolutionnaire, l'État vénézuélien a un intérêt légitime à ce que la situation créée par les contrats de concession ne soit pas maintenue sans changements. La conservation de l'État vénézuélien exige qu'il puisse contrôler le trafic télégraphique interne et notamment celui qui s'effectue par le câble côtier. Un moyen pour cela est l'établissement, dans ce but, d'un fonctionnaire dans chaque bureau. Les accusations portées contre la Compagnie tendraient à prouver que ce moyen était insuffisant. S'il en était ainsi, le Vénézuéla serait fondé à prétendre être seul maître de ses communications télégraphiques internes. Un accord pourrait s'établir sur la base de la cession au Vénézuéla du câble côtier, comme le proposait le Président Castro en février 1905 (1).

La question de responsabilité de la Compagnie pour complicité avec Matos et des sanctions encourues de ce chef se présente ainsi comme très complexe. Elle nous paraît se prêter fort mal à une solution par voie d'arbitrage que, d'ailleurs, le Vénézuéla n'a pas formellement demandée, puisque dans la Note du 18 septembre il faisait un grief à la France de ne pas tenir pour acquis des faits qui, même au point de vue du droit vénézuélien, étaient encore dans le domaine des simples accusations (2). Sans doute on concevrait l'arbitrage pour rechercher si les

---

(1) D'après M. Sauvage, cette cession serait pour la Compagnie une bonne opération financière (*Le Vénézuéla et la Compagnie française*, p. xix). — Nous ne nous portons pas garant, d'ailleurs, du bien-fondé de son appréciation.

(2) Une allusion à l'arbitrage est faite dans la réponse que, le 7 février 1906, le général Ybarra prescrit à M. Maubourguet de faire à M. Rouvier. A ce moment, la rupture diplomatique est un fait accompli. Le Vénézuéla est coutumier de cet appel tardif à l'arbitrage : en 1902, il l'avait fait après le commencement des mesures coercitives. V. la *Revue gén. de droit intern. public*, t. XI (1904), p. 425. D'autre part, l'allusion à l'arbitrage est très vague. Après avoir posé la double question de l'inexécution du contrat de concession et de complicité avec Matos, la lettre ajoute : « Si le gouvernement français prouve l'innocence de ses représentants et de ses agents, dès maintenant le gouvernement du Vénézuéla se soumet à toutes les réclamations du gouvernement français ;

faits relevés contre la Compagnie sont exacts. Mais, ce premier point tranché, pour la détermination des conséquences juridiques, des sanctions, l'arbitrage fonctionnerait mal. L'arbitre ne peut statuer qu'en se basant sur des principes juridiques simples, bien établis et facilement reconnus de part et d'autre. La décision arbitrale ne tire son autorité pratique que du respect voué au droit par chacune des parties : ce respect est quelque chose de subjectif, il n'existe que dans la mesure de ce que chaque partie croit être le droit. Si l'arbitre, à raison des particularités de l'espèce et pour se conformer vraiment au droit, est obligé de s'écarter des règles trop simples, de chercher des interprétations souples, la partie qui succombera croira à l'arbitraire et le sort de la sentence sera compromis. Dans l'ordre interne, une interprétation souple, et par suite plus juste et plus vraie, des principes juridiques a pu prévaloir, parce que là les juges et leurs décisions sont soutenus par une organisation coercitive. L'arbitre, qui n'a pas cet appui, doit avoir un rôle plus modeste : il ne peut intervenir utilement qu'en s'appuyant sur des principes facilement reconnus par les parties. Or l'idée que la fréquence des révolutions au Vénézuéla est de nature à atténuer le respect dû au gouvernement légal de ce pays ne peut facilement être acceptée par ce dernier. Cette idée qui est juste ne peut pratiquement produire effet que si elle lui est imposée, ce qui ne rentre point dans l'idée d'arbitrage.

D'autre part, si l'arbitre est apte à trancher les questions de droit, il ne l'est point à accommoder des intérêts divergents. On a pu, par exception, lui confier parfois, cependant, cette mission : cela a été fait dans des questions de limites, dans l'affaire des pêcheries de la mer de Behring et pour l'établissement d'une convention consulaire gréco-turque (1). Dans le premier cas, il s'agissait de tracer une frontière raisonnable, ce qui ne dépasse point les facultés d'un tiers impartial ; dans le second, il s'agissait de faire un règlement sur une matière spéciale et bien déterminée, pour laquelle des actes nationaux pouvaient servir de modèle ; dans le troisième, l'arbitrage était, en réalité, imposé par l'intervention

mais, si comme il est de toute évidence, il n'en est pas ainsi. le gouvernement vénézuélien réclame du gouvernement français tout ce qui lui revient et tout ce qui est de son droit, soumettant dès maintenant la solution définitive à un arbitrage. ce qui est la procédure adoptée par tous les peuples cultivés et civilisés ». — Il semble bien. d'après les termes employés, que l'arbitrage doive porter sur le quantum et non sur le principe de la responsabilité du gouvernement français.

(1) Renault, *Une nouvelle mission donnée aux arbitres dans les litiges internationaux. A propos de l'arbitrage de Behring*, dans la *Revue gén. de droit international public*, t. I (1894), p. 44 et suiv. : Politis *La convention consulaire gréco-turque et l'arbitrage des ambassadeurs des grandes puissances à Constantinople du 2 avril* 1901, dans la *Revue gén. de droit international public*, t. X (1903), p. 101 et suiv.

des grandes puissances. Dans notre hypothèse, cette dernière particu_
larité ne se rencontre pas ; le règlement d'intérêts ne se sépare point du
fond du litige : c'est la sanction encourue qui touchera aux intérêts de
la France et à ceux du Vénézuéla ; ce règlement d'intérêts est infiniment
plus délicat, infiniment plus complexe que l'établissement de règles sur
la pêche, que la fixation d'une frontière. L'arbitre ne saurait bien répondre à de telles questions : vouloir les lui abandonner, ce serait se montrer
oublieux de ce fait que ce sont les États qui créent et modifient les rapports existant dans la société internationale et qu'à vouloir leur imposer
une solution de ce genre qui, par la nature des choses, n'est pas la pure
application d'un principe de droit, on risque de faire une œuvre qui ne
convienne à aucune des parties, que celles-ci écarteront, ce qui serait
un échec pour la cause de l'arbitrage (1).

Les questions qui se rattachent à la complicité prétendue de la Compagnie dans la révolution seront mieux traitées par la diplomatie. Celle-ci
tiendra compte des intérêts en présence : c'est sa fonction même. Elle
sera mieux placée que l'arbitre pour voir si le principe du respect dû au
gouvernement d'un État ne subit pas des atténuations quant à ses conséquences dans un État à légalité incertaine comme le Vénézuéla : celui-
ci ne consentirait pas à confier à un arbitre le soin de statuer en prenant
pour base cette *capitis deminutio* que dans le compromis il s'infligerait
à lui-même. Dans une négociation diplomatique, il peut être contraint
de l'admettre et voiler sa défaite sous le masque d'une concession géné-
reuse faite en vue du rétablissement des rapports amicaux ou derrière
des réserves sur le principe. En fin de compte, par ce procédé, la solution équitable pourra l'emporter, tandis qu'elle serait presque fatalement
compromise par un recours à l'arbitrage.

Ajoutons que la voie diplomatique présentera cet autre avantage que
la France pourra y être amenée à s'engager à contrôler plus exactement
qu'elle n'a fait les agissements de la Compagnie des câbles.

Le *Constitucional*, avons-nous dit, tirait encore des événements de la
guerre civile un autre grief contre la France. Le *Ban Righ*, navire révolutionnaire de Matos, se serait armé à la Martinique pour combattre le
gouvernement légal vénézuélien (2). On y aurait recruté un nouvel équipage et le navire, qui jusque-là avait eu ses canons à fond de cale, y
aurait pris un aspect guerrier.Cette affaire du *Ban Righ*, que, d'ailleurs,
ne relèvent point les Notes diplomatiques échangées avec la France que

____

(1) M. Politis, *loc. cit.*, p. 105 écrit : « Il est à présumer qu'en temps ordinaire deux
États, quels qu'ils soient, ne consentiront jamais, à notre époque, à abandonner leur
liberté entre les mains de tiers, en les chargeant de la conciliation de leurs intérêts ».

(2) *Constitucional*, du 12 janvier 1906.

nous avons sous les yeux, est, pour nous, une vieille connaissance : en 1902, elle donnait lieu à des controverses analogues avec l'Angleterre (1).

Les critiques adressées à la France de ce chef doivent être écartées pour deux raisons de fait. Tout d'abord, il résulte des documents fournis lors de la controverse anglo-vénézuélienne que le *Ban Righ* a quitté en 1901 la Tamise après assurance donnée par le consul de Colombie que ce navire était destiné à son gouvernement. Il resta propriété d'un sujet anglais et devint celle de la Colombie pendant son séjour à la Martinique. La Colombie était en paix avec le Vénézuéla : le gouvernement français n'avait, par suite, aucun motif de mettre obstacle au recrutement d'un équipage pour ce navire de guerre colombien. C'est après cela, le lendemain, qu'en mer le navire fut remis à Matos. Postérieurement encore, ce navire fut considéré par l'Angleterre comme navire de guerre colombien. Étant donnée cette qualité établie par les documents que nous avons analysés dans une précédente étude (2), le Vénézuéla n'avait aucune réclamation légitime à fonder sur les agissements, en l'espèce, des autorités de la Martinique.

D'autre part, à supposer qu'une réclamation eût été possible, elle était tardive. La catastrophe de la Martinique survenue en mai 1902, occasionnant la mort du gouverneur, M. Mouttet, et la destruction des documents, a rendu impossible son examen complet. Il n'y a pas lieu de reprendre cette affaire.

VII

Arrivé au terme de notre étude, il ne nous reste plus qu'à en tirer quelques conclusions touchant le cas particulier lui-même et le développement coutumier du droit des gens.

Sur le premier point, nous croyons avoir établi le bon droit de la France. Celle-ci était tout à fait fondée à discuter le jugement rendu et les accusations portées contre la Compagnie des câbles ; elle est également fondée à protester contre le traitement infligé à son agent diplomatique.

Quant au mode de traiter les controverses subsistant entre les deux gouvernements, nous avons montré, croyons-nous, que l'arbitrage ne saurait occuper ici qu'une place restreinte : nombre de questions ne peuvent être bien traitées que par la voie diplomatique. L'arbitrage est, sans doute, le meilleur procédé pour trancher les litiges internationaux

---

(1) V. la *Revue gén. de droit intern. public*, t. XI (1904), p. 281 et suiv., 393 et suiv.
(2) V. la *Revue gén. de droit intern. public*, t. XI (1904), p. 393, note 3.

dans les cas qui s'y prêtent : mais vouloir le faire fonctionner en dehors de ce qui constitue son domaine, c'est faire une tentative inutile et même dangereuse. La seule voie à suivre ici est la voie diplomatique.

Une solution amiable a paru facilitée quand, en avril 1906, le général Castro a donné volontairement sa démission de Président. Sans doute, le système politique n'a pas été modifié et le général Castro a été remplacé par un de ses fidèles, le Vice-Président Gomez. Cependant ce changement a semblé de nature à écarter les difficultés que pourrait rencontrer un accord dans des susceptibilités personnelles. Mais la démission du général Castro — si étrange que cela puisse paraître à des juristes européens — n'a eu qu'une valeur temporaire. En juillet, le général reprenait le gouvernement : à ce moment, le conflit avec la France n'avait reçu aucune solution. Ce retard ne doit pas faire désespérer d'en obtenir une à l'amiable. La France ne cherche pas d'aventures dans la mer des Antilles, elle l'a montré en ne participant point à l'action coercitive de 1902-1903. Elle ne veut qu'assurer à ses nationaux la sécurité nécessaire au développement de leur activité : pour cela, elle comprend que le mieux est d'avoir de bonnes relations avec le Vénézuéla. Elle ne nourrit aucun sentiment d'hostilité pour les peuples de l'Amérique latine auxquels l'unissent des liens de race et des traditions communes. Elle ne désire que la fin prompte d'un différend regrettable que peut-être ont aggravé des maladresses et des malentendus. Elle a donné des preuves de ses intentions modérées et conciliantes en rompant à la dernière limite seulement, en ne prenant aucune mesure coercitive, restant ainsi dans l'état d'esprit que manifestait le rapporteur du budget des affaires étrangères pour 1906 à la Chambre des députés. On doit espérer qu'elle pourra persister dans cette voie et que le gouvernement vénézuélien, oubliant des griefs personnels, laissant de côté des scrupules d'amour-propre, envisageant l'affaire d'un peu haut, du point de vue de l'intérêt bien entendu de ces deux nations latines qui n'ont aucune raison sérieuse de se jalouser, aura à cœur de faciliter une solution amiable, sans qu'il soit cette fois besoin d'exercer sur lui une pression quelconque, comme celle consistant à entraver l'importation en France des cafés vénézuéliens.

Au point de vue du développement coutumier du droit des gens, ce qu'il conviendra de surtout relever dans toute cette affaire, c'est l'expulsion de M. Taigny. La protestation du corps diplomatique de Caracas mérite d'être retenue comme précédent quant au maintien des immunités après rappel de l'agent et quant à la portée de celles-ci.

Quant à la doctrine de Monroe, sur laquelle toujours se porte l'attention dans ces affaires américaines, le conflit que nous avons étudié ne nous paraît pas avoir grand effet sur elle. Sans doute, les États-Unis ont été tenus par la France au courant de la situation, leurs bons offices se sont employés à la solution du conflit et ils ont assumé la charge de protéger les intérêts français au Vénézuéla. Cela est un indice de l'activité de leur politique Sud-américaine : mais rien de cela ne constitue une intervention proprement dite des États-Unis, faite d'autorité, et limitant l'action de la France. Notre affaire ne marque ni avance ni recul pour la doctrine de Monroe, à la différence de ce que fit trois ans plus tôt l'action combinée de l'Angleterre, de l'Allemagne et de l'Italie.

(Extrait de la *Revue générale de droit international public*, année 1906.)

Imp. J. Thevenot, Saint-Dizier (Haute-Marne)